오, 철학자들!

오, 철학자들!

웃기고 괴팍하고 멋진 철학자의 맨얼굴

헬메 하이네 지음 이수영 옮김

팀

OH...DIESE PHILOSOPHEN

by Helme Heine

© 2015 by C. Bertelsmann Verlag, a division of Verlagsgruppe Random House GmbH

Korean Translation Copyright © 2016 by TOTOBOOK Publishing Co.

All rights reserved.

The Korean language edition published by arrangement with Verlagsgruppe Random House GmbH

through MOMO Agency, Seoul.

KiKi에게

세상의 모든 건 이미 다 말해졌다. 다만 아직 말하지 않은 사람이 남았을 뿐이다

(카를 발렌틴)

생각하는 것은 어리석음을 밝히는 횃불이다

● 일러두기

이 책의 각주는 원서에는 없지만 한국어판을 내면서 번역가나 편집자가 독자의 이해를 돕기 위해 추가해 넣은 것이다.

프롤로그

독일 철학자 카를 야스퍼스는 '철학은 보통 사람들이 이해할 수 있어야 한다.'라고 주장했어.

근사한 말이지. 하지만 철학자들은 대부분 수학적인 사고로 단련된 언어 예술가들이고, 갖가지 생각과 단어들을 갖고 노는 곡예사들이야. 주로 모든 것을 대립적으로 관찰하고 평가하는 데 관심을 쏟지. 철학자들은 모두 인간에 관한 책을 썼지만 모든 사람을 위한 책은 아니었어. 그래서 무슨 말인지 도무지 알아들을 수 없을 때가 많고, 철학자들의 이름도 대부분은 책에서 언뜻 보았거나 낱말 맞추기 퍼즐을 하다가 알게 되는 경우가 많아. 어른들은 이야기를 할 때 철학자들이 한 말을 인용해서 양념을 치는 걸 좋아해. 예를 들면 물자체[1]에 대해 농담하고, 여자에게 갈 때는 채찍을 잊지 말라[2]고 해. 주말에

---

1   물자체(物自體, Ding an sich)는 칸트 철학의 기본 개념인 누메나(noumena, 본체)와 같은 개념이다. 칸트는 현상이나 감각에 일체의 가능성과 경험을 초월한 '원인'이 있다고 보았고, 그 원인들을 가리켜 물자체 혹은 누메나로 정의했다.

2   니체, 《차라투스트라는 이렇게 말했다》

는 자연으로 돌아가라[3]는 충고에 따라 야외로 놀러가고, 신은 죽었다[4]고 했으니까 교회에는 나가지 않는다고 말하지.

이 책은 복잡하고 어려운 서양 철학과 철학자들을 짧고 쉽게 소개하면서, 철학에 대한 호기심을 일깨우고 싶은 마음에서 썼어. 나는 그림을 그리는 사람이라 여기에 소개하는 철학자들의 얼굴을 직접 그려야겠다고 생각했어. 하지만 실제 얼굴과 비슷하게 그리기보다는 영혼의 모습을 담고 싶었어. 그래서 철학자들이 쓴 책과 언어, 살아온 삶을 만나는 동안 내가 느끼고 상상한 대로 그들을 묘사했어.

[추신]

고대 철학자들의 삶에 대해서는 책들마다 조금씩 다르게 기록돼 있어. 이 책에서는 일반적으로 통용되는 내용을 기준으로 삼을 거야. 철학자들을 소개하는 순서는 태어난 연대순이 아니라 내용적인 연관성에 따라서 정했어. 거기에는 사물을 바라보는 내 개인적인 관점이

---

3   루소, 《에밀》
4   니체, 《즐거운 학문》

반영될 수밖에 없을 거야. 니체의 말에 따라서 각 철학 자들을 소개할 텐데, 그는 이런 말을 했어. 세 가지 일화 면 한 사람의 이미지를 떠올리는 데 충분하다.

헬메 하이네

철학이 뭘까?

철학은 자연과학과 신학 사이에 있는 학문이야. 과학자들은 알기를 원하고, 신학자들은 믿기를 원하고, 철학자들은 안다고 믿어.

이 세 분야에서 활동하는 사람들은 모두 정신을 연구하지. 신학자들은 기도 속에서 성스러운 정신(성녕)을 찾으려 하고, 과학자들은 실험을 하면서 정신을 헤아리고, 측정하고, 무게를 달아. 철학자들은 시대정신을 비판하지.

철학을 한다는 건 모든 것에 의문을 던진다는 거야.

철학자는 어떤 사람일까?

철학자는 대부분이 남자이고, 여성 철학자는 극소수
야. 법적으로 여성할당제를 도입한다고 해도 철학자라
는 직업에서는 별로 소용이 없을 거야.

사람들은 철학자들이 한 유명한 말들을 자주 인용해.

철학자들이 쓴 두툼한 책들을 책장에 보관해 장식하고 있는 사람들은 많지만 그것을 실제로 읽는 경우는 드물어. 보통 사람들이 읽기에는 복잡한 기계의 사용설명서만큼이나 어렵게 느껴지거든.

철학자는 세상 물정에 어두워. 세상 돌아가는 일에는 관심이 없고, 사물과 인간의 본질에 관심을 두기 때문이야.

철학자는 운동과는 담을 쌓고 지내. 육체를 단련하기보다는 책상에 가만히 앉아서 뇌 운동 하는 걸 더 좋아하지.

철학자는 논쟁을 좋아해. 고대부터 현재에 이르기까지 그들은 똑같은 주제를 놓고 토론해왔어. 예를 들면 이런 거야. 우주만물은 물질적 원칙에 의해 이루어졌을까?(유물론), 신적인 원칙의 표현일까?(유신론)

철학자는 잘 웃지 않아. 그리스어로 철학자를 뜻하는 필로소포스(Philosophos)는 지혜나 앎(Sophos)을 사랑하는 (Philo-) 사람이고, 삶을 진지하게 생각하기 때문이야.

철학자는 결혼을 하지 않은 경우가 많았어. 고대 철학자들은 미소년을 사랑했고, 중세에는 교회를, 근대에는 자신의 자아를 사랑했거든.

고대

기원전 624년~기원후 400년

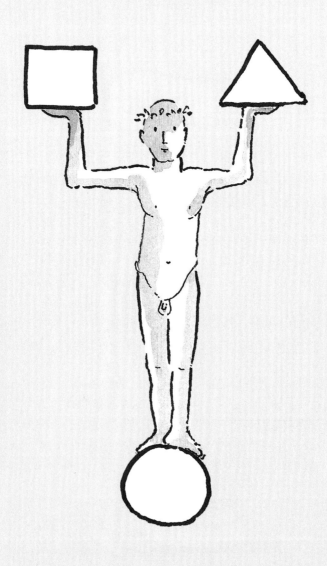

인류의 유년기라고 할 수 있는 고대 이전의 시기는 수천 년 동안 이어졌어. 그동안 어느 가족이나 종족, 민족들 가운데 일부만 살아남았고, 그들은 굳은 맹세로 결합된 공동체의 일부였어. 그때는 '우리'가 전부였고, '나'는 존재하지 않았어.

그러다가 기원전 600년 무렵에 인류의 유년기는 갑자기 끝났어. 마치 에덴동산의 인식의 나무에서 사과를 따먹은 것 같았지. 인류가 사춘기에 접어들었다고 할 수도 있을 거야. 사춘기의 모든 청소년처럼 인류도 자신의 몸에 눈을 떴고, 3차원 공간을 발견했어. 인류는 자기 자신을 벌거벗은 상태로 자유롭게 묘사했고, 물체들에 관한 이론인 기하학을 창안하고 이해했어. 오랜 잠에서 깨어난 인류는 놀라움에 세상을 둘러보기 시작했어. 모든 것에 질문을 던지고 그 대답을 찾으려 했고, 그로써 철학적인 사고가 탄생했어.

탈레스

Thales

기원전 624년-546년

만물의 근원은 물이다

✦✦ 탈레스는 그리스의 작은 도시 밀레투스(Miletus)
라는 곳에서 태어났어. 탈레스의 이름은 아마
수학 시간에 들어보았을 거야. 탈레스가 증명한 기하학
의 기본 정리를 말해볼까?

삼각형 세 각의 합은 180도이고, 반원에서 지름을 밑
변으로 해서 그리는 삼각형은 모두 직각삼각형이다.

어때, 생각이 나니? 까먹었다고?

수학 선생님은 왜 탈레스의 사생활에 대해서는 말해
주지 않았을까? 탈레스에 관한 일화로는 이런 것들이
전해져. 예를 들어 그는 일식 날짜를 예측한 것으로 유
명했어. 일식이 규칙적으로 반복된다는 사실을 발견한
건 원래 바빌로니아 천문학자들이었고, 탈레스는 천문
학을 공부하다가 그런 사실을 알게 되었지. 탈레스는
평소에 태양과 달, 별들의 움직임을 관찰하느라고 하늘
을 올려다보는 일이 많았어. 그러다가 어느 날은 우물
에 빠진 적도 있었지. 마침 그 모습을 본 하녀는 하늘의
이치를 알려는 사람이 정작 자기 발밑에 있는 것은 보
지 못한다며 탈레스를 흉보고 돌아다녔대.

이 곤혹스러운 사고에 대한 소문은 곧 밀레투스 전체
로 퍼졌고, 모든 사람이 그를 조롱하며 웃어댔어. 그래
도 탈레스가 무사했으니 철학사에는 정말 다행스러운

일이었지.

탈레스는 젊은 시절부터 이집트를 자주 여행했어. 이집트는 당시 문명이 발달한 나라여서 그는 그곳에서 천문학과 수학을 배우려고 했지. 탈레스는 두 학문을 바탕으로 육지의 두 관측 지점에서 바다 위에 떠 있는 배까지의 거리를 측정하기도 했어.

탈레스의 명성이 높아지자 이집트 왕은 그에게 피라미드의 높이를 측정해 달라고 요청했어. 탈레스는 시간에 따라 태양 때문에 생기는 그림자의 길이가 달라진다는 사실을 알아냈고, 자신의 그림자가 자신의 키와 같아질 때까지 기다렸어. 그 시점이면 피라미드의 그림자도 피라미드의 높이와 일치할 거라고 추측한 거야. 실제로 탈레스는 그 원리를 이용해서 피라미드의 높이를 쟀어. 그야말로 천재적인 착상이었지.

그런데 당시 사람들은 탈레스의 지식이 인간이 풍족하게 살아가게 하는 일과는 거리가 멀다고 생각했어. 그래서 그를 '가난한 철학자'라고 비웃었어. 그러자 탈레스는 자신이 사업가로서도 능력이 뛰어나다는 점을 증명해 보였어. 그는 천문학 지식을 이용해서 수확 시기가 되기도 전에 올리브 농사가 풍작이 될 것을 예측했고, 그런 다음에 주변의 올리브기름 짜는 기계를 모두 사들였어. 탈레스가 예상한 대로 올리브 농사는 풍년이었고, 사람들은 올리브기름을 짜려면 비싼 돈을 주고 그의 기계를 빌려야 했어. 그로써 탈레스는 자신을 조롱하던 사람들에게 철학자도 마음먹기에 따라서는 부자가 될 수 있지만, 그것은 철학자의 야심이 아니라는 것을 보여주었어.

탈레스는 오랫동안 부모와 함께 살았던 것 같아. 다음 일화를 보면 말이지. 하루는 그의 어머니가 그에게 왜 결혼하지 않느냐고 물었어. 그러자 탈레스는 결혼을 하기에는 너무 이르다고 대답했어. 그로부터 10년 뒤 어머니는 다시 그가 왜 아직도 아내를 맞이할 생각이 없는지 물었어. 그러자 이번에는 너무 늦었다고 대답했어. 어머니가 다시 왜 아이를 낳으려 하지 않느냐고 묻자 그는 비로소 철학적으로 생각하기 시작했고, 아이들에 대한 사랑 때문에 아이를 낳지 않는다고 대답했어.

탈레스는 누가 어떤 질문을 하든 그 대답을 이미 준비한 사람 같았어. 그러다 보니 수많은 사람이 찾아와서 그의 조언을 구했어. 그는 인생에서 가장 어려운 과제는 자기 자신을 아는 일이고, 가장 쉬운 일이 남에게 충고하는 거라고 했어. 어떻게 하면 도덕적으로 훌륭한 삶을 살 수 있느냐는 질문에 그는 이렇게 대답했어. 네가 다른 사람이 잘못했다고 비난하는 일은 너도 절대 하지 마라.

탈레스는 세계 역사상 최초의 철학자였고, 다음의 질문을 제기한 첫 번째 인간이었어. 우주 만물의 본질은 무엇이고, 만물의 근원과 원칙은 무엇인가?

그는 만물의 근원은 물이라고 했어. 물은 끊임없이 변하면서도 항상 똑같아서 때로는 증기로, 때로는 얼음으로, 때로는 비와 눈, 구름, 강, 호수, 바다로 변하지만 언제나 같은 물이라고 했어. 심지어는 우리가 살고 있는 땅도 물 위에 떠 있다고 주장했지.

만물은 영원한 순환의 지배를 받는다. 세상은 비극적인 대립이다. 탄생과 죽음, 생성과 소멸…… 왜 그럴까?

아낙시만드로스
Anaximandros
기원전 611년-546년경

죽음은 자리를 내주는 것이다

아낙시만드로스는 탈레스의 제자였어. 물이 없으면 생명도 탄생할 수 없다는 탈레스의 생각을 받아들였어. 알은 액체이고, 식물에는 즙이 있고, 모든 동물의 몸에는 피가 흐른다는 사실을 근거로 모든 생명이 물에서 탄생한다고 추론했어. 물에서 태어났다가 육지에 사는 개구리로 변하는 올챙이나, 세상에 태어나기 전에 어머니의 양수 속에 떠 있는 인간처럼 말이야. 결국 모든 생명은 바다에서 탄생했고, 아주 오랜 옛날에는 물고기와 비슷했던 인간도 마찬가지라고 했어.

아낙시만드로스는 지리학자이자 최초의 지도 제작자이기도 했어. 그는 단순히 지형을 지도로 그릴뿐 아니라, 밤에 항해하는 배들이 방향을 찾을 수 있도록 천체 지도를 그리기도 했대. 그는 지구가 공기 중에 자유롭게 떠 있다고 생각했어. 하지만 지구 모양이 구의 형태가 아니라 원기둥 형태라고 생각했어.

그밖에 아낙시만드로스에 대해서는 알려진 내용이 별로 없어. 다만 스승 탈레스가 죽었을 때 그가 제기했던 절박한 질문들을 떠올렸다고 해. 왜 만물은 덧없을까? 왜 생명은 영원히 지속될 수 없을까? 왜 만물은 생성되고 소멸될까? 왜 우리는 죽을 수밖에 없을까?

그는 스승의 무덤에서 깨달음을 얻었어.

만물이 죽는 이유는 새로운 것에 자리를 내주기 위해서다. 만물이 계속 살아 있다면 창조적인 것은 이루어지지 못한다.

파르메니데스
Parmenides
기원전 515년~450년경

철학은 음악이다

파르메니데스는 이탈리아 남부 도시 엘레아(Elea)에서 태어났어. 부유한 집안에서 태어났기 때문에 돈 걱정 없이 자기 자신과 세상에 대한 생각에 몰두할 수 있었지.

집 안을 돌보고, 청소하고, 정원을 가꾸는 것은 노예들의 일이었어. 고대에는 지금과 같은 인권 개념이 없었고, 노예 제도가 당연시되었어. 노예가 없으면 문화도 꽃필 수 없다는 생각이 퍼져 있었거든.

파르메니데스는 이집트에서 논리학과 천문학을 가르쳤어. 그러다가 고향으로 돌아오는 길에 아테네에 잠시 머물렀어. 전해지는 말로는 그때 거기서 소크라테스를 만나 신과 세계에 대해 토론을 벌였다고 해. 파르메니데스는 우리가 살고 있는 세계는 진짜 세계가 아니라 허상일 뿐이라고 생각했어. 우리의 감각으로는 이해할 수 없다고 했지.

그즈음 파르메니데스의 책을 읽은 소크라테스는 그 내용을 이해하려면 책 속에 깊이 파묻혀야 한다고 말했대. 그러자 파르메니데스는 자신을 따르는 사람들이 더 쉽게 이해할 수 있게 하려고 자신의 사상을 시(詩)로 썼어. 그러고는 그것을 노래하고 낭송하는 것을 좋아했어.

노래와 철학이 무슨 상관이 있냐는 생각이 들 거야.

하지만 그 시대에 음악은 철학 수업에서 빼놓을 수 없는 부분이었어. 물론 오늘날과 같은 형태의 음악 수업은 아니었어. 대수학과 기하학, 천문학과 함께 가르쳤는데, 음악에도 수가 필요했기 때문이야. 예를 들면 4도 음정과 5도 음정, 8도 음정의 간격은 수의 비례인 3:4, 2:3, 2:1과 일치하거든.

음악에는 세 가지 양식이 있었어. 하나는 듣는 사람을 심취하게 해서 무아지경에 빠트리게 했고, 다른 하나는 영웅적인 행동을 하라고 격려하고 자극했어. 마지막은 마음을 안정시켜서 균형을 이루게 하는 음악이었어. 파르메니데스가 리라[1]를 연주하면서 자연에 관해 쓴 자신의 교훈시를 노래할 때는 마음을 안정시키는 음악을 선택했을 거야.

피타고라스
Pythagoras
기원전 570년~495년

세계는 오직 수로 이루어졌다

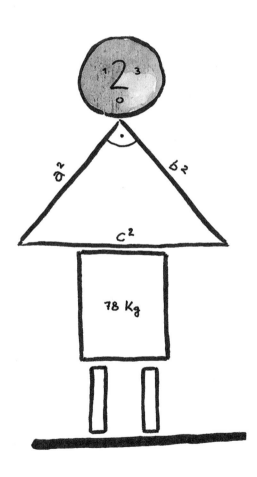

그리스인들은 기하학을 발견했어. 피타고라스는 기하학에서 많은 공적을 남겼고, 유명한 피타고라스의 정리 $a^2+b^2=c^2$로 수학을 공부하는 학생들에게 기쁨을 주었어. 이 정리를 설명하자면 다음과 같아. 직각삼각형에서 직각을 낀 두 변의 길이를 a, b라고 하고, 빗변의 길이를 c라고 할 때 $a^2+b^2=c^2$이 성립한다.

다시 말하면, 직각을 낀 두 변 길이의 제곱의 합은 빗변 길이의 제곱과 같다는 말이야. 잘 모르는 내용이라고? 그래도 괜찮아. 수학 시간에 곧 배우게 될 테니까.

그런데 이집트인들은 피타고라스보다 1천 년 전에 삼각형의 세 변이 직각이 되는 수를 알고 있었어. 바빌로니아인들도 신전과 집을 직각으로 지을 때 이 지식을 응용했어. 하지만 이것을 수학적으로 증명하고, 공식으로 정립한 사람은 피타고라스였기 때문에 '피타고라스의 정리'로 부르게 된 거야. 그 밖에도 피타고라스는 그때 이미 지구가 태양 주변을 도는 구의 형태라고 생각했대.

피타고라스는 수학을 사랑했어. 세계는 점, 선, 면, 입체로 이루어졌는데, 그것을 수로 나타내면 1, 2, 3, 4이고 그 수를 모두 더하면 10이 나와. 피타고라스에게 10

은 모든 수 가운데 가장 완전한 수였어. 그 밖의 다른 것들은 모두 반복일 뿐이라고 했지.

그는 극단적으로 대립된 두 분야인 수학과 신학을 아무렇지 않게 결합시켰어. 피타고라스가 생각하는 신은 아마 수학자였던 것 같아. 그는 세계는 오직 수로 이루어졌고 만물의 근원은 수라고 했어. 어쩌면 오늘날의 세계는 그가 말한 상태와 무척 가까워졌다고 할 수 있을 거야. 디지털 세계에서는 모든 그림과 음악, 영화, 책, 문서, 연설, 편지가 오직 숫자 0과 1로만 이루어지거든.

피타고라스가 볼 때는 수학적 인식만이 분명하고 정확하며, 실제 세계에 적용될 수 있었어. 그런데 수학은 순수한 사유를 통해서만 다가갈 수 있으니까 관찰은 불필요하다고 했어. 우리가 보고 듣는 것은 착각일 수 있다면서 말이야.

생각하는 것이 느끼는 것보다 더 중요하다. 세계는 감각적으로는 경험할 수 없고 오직 지성으로만 이해할 수 있다. 지적인 피타고라스는 이렇게 말했어. 그는 철학자이자 수학자였지만 신비주의자이기도 했어. 영혼은 불멸하고 영원한 순환 속에서 다시 태어난다고 가르쳤지. 영혼은 생명을 타고난 모든 존재에 있기 때문에 동물도 죽이면 안 된다고 했어. 아마도 그는 아시시의 프란체스코 성인[2]처럼 동물들과 교감하며 이야기를 나눴을 거야.

피타고라스는 탄생과 죽음의 영원한 순환을 정화 과정으로 여겼어. 궁극적인 목표는 경건함과 순수함을 통해서 영원한 순환의 고리에서 영혼을 구원하는 것이라고 했어. 아마 부처가 이 말을 들었다면 무척 반가워했을 거야. 불교도 끝없는 윤회의 사슬에서 벗어나는 것이 삶의 목표였거든.

오늘날 우리에게는 피타고라스가 만든 공동체가 비밀스런 종교 단체처럼 무척 이상하게 보일 거야. 피타고라스는 자신을 반은 신이고 반은 인간인 존재로 생각했어. 그는 이렇게 말했어. 세상에는 인간과 신들이 있고, 피타고라스 같은 존재가 있다. 그는 최초로 자신을 필로소포스(Philosophos), 즉 지혜를 사랑하는 사람이라고 칭했어. 피타고라스 이전의 모든 철학자들은 단순히 소포스(Sophos), 즉 현자라고 불렸거든.

---

2 프란체스코(Francesco, d'Assisi,1182~1226)는 아시시(Assis) 출신의 이탈리아 가톨릭교회의 성인(聖人)이다. 프란체스코 수도회를 창립하였으며, 청빈주의를 기본으로 수도 생활의 이상을 실현하였다.

피타고라스의 제자들은 스승이 하는 모든 말을 기록했고, 선지자를 대하듯이 그를 존경하고 숭배했어. 그들의 스승은 당시의 그리스인들과는 달리 지혜를 사랑했고, 매우 경건한 삶을 살면서, 세상을 경멸했기 때문이야. 피타고라스를 따르는 사람은 삼베옷을 입고 매일 자기 성찰의 시간을 가져야 했어. 또 결혼을 하지 말아야 하고 5년 동안의 침묵 수행을 견딜 수 있어야 했어. 피타고라스의 공동체에서는 남자와 여자가 동등했고, 똑같이 자연과학과 음악, 체육, 의술을 배웠어. 또한 피타고라스의 공동체는 사유재산이 없는 완전한 공산주의 사회였어. 모든 재산은 공동체의 소유였고, 심지어는 개인이 가진 수학이나 자연과학 지식도 언제나 공동의 성과로 여겼어.

피타고라스의 공동체에는 엄격한 식사 규정이 있었어. 알 종류와 육식은 금지되었고, 콩도 먹을 수 없었어. 바닥에 떨어진 것을 줍지 말라는 이상한 금지 사항도 있었어. 그 밖에도 빵을 잘라 먹지 말라, 지붕 아래에 제비가 집을 짓게 놔두지 말라는 내용도 있었어. 또 하얀 닭은 건드리지 말고, 동물의 심장을 먹지 말라고 했으며, 큰길로는 다니지 말고 가로질러 놓은 나무를 넘지 말라고 했어. 자고 일어나면 잠자리를 반듯하게 정리해서 몸의 자국을 지우라고도 했어.

피타고라스가 인간을 세 계급으로 분류한 부분에 대해서도 이상하다는 생각이 들 거야. 그는 올림픽 경기에서 물건을 사고파는 상인들을 최하위 계급, 운동선수들을 중간 계급, 그저 경기를 구경하러 온 관중을 그들 중 최고 계급이라고 했으니 말이야.

헤라클레이토스
Hērakleitos
기원전 535년~475년

오르막길과 내리막길은 동일하다

헤라클레이토스는 고대 그리스 유적이자 지금은 터키에 속한 에페수스(Ephesus)의 유명한 귀족 집안에서 태어났어. 그는 민주주의가 어떤 문제도 해결하지 못한다며 민주주의를 거부했어. 민주주의는 재앙이고, 번거롭고, 지혜롭지 않은 사람들에 의해 이끌려진다고 보았어. 그는 온화한 성품의 사람은 아니었어. 그는 이전 시대의 사상가들을 거침없이 비판했고, 에페소스 시민들에게는 모두 목을 매고 죽어야 한다고 비난했어. 그러면서 그 이유를 이렇게 말했어. 그들 대부분은 배불리 먹어 기분 좋은 가축처럼 뒹굴고 있다. 그런 인간들은 로고스[3]를 이해하지 못한다. 그 사실은 변하지 않는데, 천민은 자기에게 새로운 것이면 무엇이든 공격하기 때문이다.

헤라클레이토스가 자신의 철학적 사유를 말하면 사람들은 대놓고 그를 비웃었어. 예들 들어 그는 이런 말을 했지. 모든 것은 변하고 같은 강물에 두 번 발을 담

---

[3] 서양 철학에서 로고스(Logos)는 그리스어로 언어(말), 진리, 이성, 법칙 등의 개념을 포함하는데, 철학자들마다 조금씩 다른 의미로 사용했다. 일반적으로 사물의 존재를 한정하는 보편적인 법칙으로 따라야 할 행위의 준칙을 인식하고 분별하는 인간의 이성을 뜻한다.

글 수 없다[4]. 그러면 사람들은 그게 무슨 뚱딴지같은 소리냐며 그를 조롱했어. 세상 사람들에게 절망한 그는 산속 동굴로 들어가 은둔 생활을 했어. 거기서 주로 풀과 약초만 먹고 살다가 온몸이 부어오르는 병에 걸렸고, 병을 치료하려고 다시 도시로 돌아왔다고 전해져. 하지만 의사들도 아무런 도움을 주지 못하자 혼자만의 방법으로 스스로 고통을 치유하려고 했어. 그는 옷을 벗고 온몸에 소똥을 바른 채 햇볕 아래에 누웠어. 그를 썩은 동물의 사체로 여긴 들개들이 달려들었고, 그는 60세 생일 직전에 그 개들에게 물어 뜯겨 죽었어.

그의 최후는 이 세상을 '갈가리 찢긴 세계'라고 본 그의 철학적 생각을 증명한 것처럼 보였어. 그는 세상 만물은 끝없이 대립하지만 언제나 흐름 속에 있다고 했어. 만물은 흐른다. 그가 남긴 유명한 말이야. 밤은 낮을 낳고, 낮은 밤을 낳아. 전쟁은 평화를 끝내고, 평화는 전쟁을 끝내지. 배부름은 배고픔으로 바뀌고, 건강이 소중한 건 병이 있기 때문이야. 헤라클레이토스의 말대로 세상 모든 것은 서로 대립하는 것처럼 보여. 하지만 그

---

4   헤라클레이토스는 강물이 늘 새롭게 흘러들어 같은 강물에 두 번 발을 담글 수 없듯이 세상 모든 것이 끊임없이 변하고 움직인다는 의미에서 이러한 비유를 했다.

는 그러한 대립의 뒷면에는 내적인 조화와 창조적인 힘이 작용한다고 믿었어. 대립과 갈등을 통일시키고, 다양한 변화 속에서 새로운 것을 탄생시키는 근본 원칙이 존재한다고 믿었어.

헤라클레이토스는 만물을 지배하는 이러한 법칙을 로고스라고 본 거야. 헤라클레이토스에게 로고스가 만물을 지배하는 근본 원리를 지칭하는 개념이었다면, 소크라테스와 플라톤 같은 철학자들은 로고스를 인간의 정신적 능력, 이성 활동을 이르는 개념으로 사용했어.

헤라클레이토스의 철학적 확신은 다음과 같았어. 모든 것은 하나다. 그러므로 오르막길과 내리막길은 동일하다.

소크라테스
Socrates
기원전 469년~399년

나는 내가 아무것도 모른다는 사실을 안다

소크라테스는 모든 철학자들의 아버지로 일컬어지고 그들 중 가장 유명한 철학자이기도 해. 그의 아버지는 돌을 깎아 건축물을 만드는 석공이었고, 어머니는 임산부의 출산을 돕는 산파였어.

지금도 사람들은 그가 아내인 크산티페의 불평과 잔소리를 끝없이 참고 견뎠다며 그의 인내심에 경의를 표하곤 해. '악처'의 대명사가 된 크산티페는 소크라테스가 가족을 돌보지 않는다고 매일 그를 들들 볶고, 잔소리하고, 욕설을 퍼부었다고 해. 아버지 밑에서 석공 일을 배웠으니 그 일을 하면서 살면 좋을 텐데 사람들에게 쓸데없는 소리나 하면서 싸돌아다닌다고 말이야. 크산티페는 남편이 신발도 신지 않은 채 지저분한 몰골로 돌아다녀서 창피하다고 했어. 그러자 소크라테스는 이렇게 변명했대.

우리는 우리 몸을 가꾸고 돈을 버는 일에 신경을 덜 써야 한다. 그보다 중요한 건 우리의 영혼이다.

크산티페는 소크라테스를 매일 집 밖으로 쫓아냈어. 아내의 잔소리에서 벗어난 소크라테스는 아마 무척 기뻤을 거야. 크산티페가 창가에서 소크라테스의 머리 위로 물 한 바가지를 퍼붓자, 그는 이웃에게 이렇게 말했어. 잘 보았지요. 아내는 천둥만 치는 게 아니라 비까지

내린다오.

또 누군가 매일 그런 욕설과 잔소리를 들으며 어떻게 참고 사느냐고 물었을 때는 싱긋 웃으면서 이렇게 대답했대. "당신도 거위가 꽥꽥거리는 소리를 참고 살지 않소?" 소크라테스는 크산티페를 참고 살 수 있다면 다른 모든 사람들과도 잘 지낼 수 있다고 생각했어.

크산티페는 악다구니를 쓰는 견디기 힘든 사람이었지만, 크산티페가 매일 남편을 괴롭힌 걸 다행으로 생각해야 할지도 몰라. 그렇지 않았다면 소크라테스와 같은 철학자가 나오지 못했을 수 있으니 말이야. 하지만 후대에 전해지는 크산티페에 관한 이야기는 과장된 측면이 많아. 크산티페와 소크라테스 사이에는 자식이 셋이나 있었어. 돈벌이는 못하면서 철학을 한다고 돌아다니는 남편을 대신해 혼자서 자식들을 키워야 했으니, 크산티페는 생활력이 무척 강한 여성이었을 거야.

소크라테스는 시장을 돌아다니고 운동장과 술집에 가는 걸 좋아했어. 그런 곳에서 사람들을 만나서 수다를 떨고, 떠들썩하게 토론하고, 춤을 추고, 운동을 할 수 있었거든. 시장에서 생선을 파는 사람이 자기가 파는 생선이 세상에서 가장 묵직하다고 소리치면, 소크라테스는 그에게 세상을 전부 둘러보았느냐, 모든 물고기의 무게를 직접 달아보았느냐며 꼬치꼬치 캐물었어. 그 불쌍한 사람은 그만 말문이 막혀서 할일이 있다며 급히 자리를 떴어. 소크라테스는 많은 사람을 상대로 말하는 것에는 관심이 없었고, 항상 자기 앞에 보이는 소수의 몇몇에게만 말을 걸었어. 지위나 신분을 가리지 않아서 창녀와 군인, 부자와 거지, 정치인과 귀족 등 누구와도 거리낌 없이 수다를 떨었지. 그는 그들과 여러 가지 문답을 주고받았어. 신발창을 갈아야 하면 누구에게 신발을 가져갑니까? 그야 당연히 구두장이를 찾아갑니다. 그럼 지붕에 비가 새면 누구한테 도움을 청합니까? 기와장이한테 가야지요. 영리한 소크라테스는 다시 물었어. 그렇다면 국가가 잘못되었을 때는 누가 고칩니까?

소크라테스는 이렇게 끊임없이 질문을 하면서 사람들의 무지를 일깨우고 그들 자신을 돌아보게 하는 것을 좋아했어. 한마디로 너 자신을 알라고 한 거야. 재기가 넘치는 말과 신랄한 대화로 가면을 쓴 사람들의 거짓된 모습을 폭로한 것이지. 소크라테스는 스스로를 바보처럼 보이게 하는 행동도 마다하지 않았어. 자기 자신에 대해서도 웃을 수 있는 얼간이 노릇을 했지.

소크라테스는 거의 모든 철학자들과는 다르게 단 한

문장도 직접 쓰지 않았어. 책이나 논문을 쓴 적도 없었고, 자신의 생각을 메모해서 남긴 것도 전혀 없었어. 소크라테스의 사상은 그가 죽은 뒤 그의 제자였던 플라톤이 소개한 것이 전부였어. 그는 제자들의 질문에 답을 주는 스승이 아니었어. 반대로 긴 토론 끝에 해답을 달라고 요청하면 그저 어깨를 으쓱하며 이렇게 말했어. 신은 나에게 출산을 도우라고 했을 뿐 내게 출산하는 능력을 주지는 않았다. 그는 올바른 생각에서 올바른 행동이 나온다고 확신했어. 그래서 자신의 내면의 소리에 귀를 기울였고, 그에게는 그것이 마음의 확신이었어.

소크라테스는 정치적으로 문제 인물이 되었고, 달갑지 않은 불평꾼, 대중의 여론을 움직이는 사람이 되었어. 이처럼 그의 영향력이 커지자 정치인들은 그가 신을 모독하고 아테네 청년들을 현혹한다는 죄목으로 소크라테스를 고소했어. 그의 입을 다물게 하려는 의도였지. 하지만 그들의 억압은 소용없었어. 일흔의 철학자 소크라테스는 법정에서 말했어.

나는 모든 시민들의 의식을 흔들어 깨우고, 설득하고, 질책하는 일을 멈추지 않을 것이오.

소크라테스는 결국 사형 선고를 받았고, 기회는 충분

히 있었지만 도주하지 않았어. 그는 스스로 죽음을 선택했고, 순교자로서 죽기를 바랐어. 자신은 그 무엇에도 흔들리지 않는 무한한 내면의 자유를 추구했다는 사실을 세상에 알리고 싶었으니까 말이야. 소크라테스는 다음의 말로 자신의 변론을 마쳤어.

이제 떠날 때가 되었군요. 나는 죽기 위해서, 여러분은 살기 위해서. 하지만 우리 중 누가 더 나은 상태로 나아가게 될지는 오직 신만이 아시겠지요.

소크라테스는 바보였어. 그는 이단자로 처형당했고 성인처럼 죽었어.

플라톤
Platon
기원전 428년~348년

철학은 대화다

플라톤이 없었다면 우리는 소크라테스에 대해서 잘 알지 못했을 거야. 두 사람이 어떻게, 어디서 만났는지는 알려지지 않았어. 하지만 아테네처럼 작은 도시에서는 우연히 만날 기회는 많았겠지. 어쩌면 늙고 퉁명스러운 소크라테스가 스무 살의 우아한 귀족 청년인 플라톤에게 먼저 말을 걸었을지 몰라. 플라톤을 대화로 이끌어서 그가 자기 자신에 대해 얼마나 모르는지 깨우쳐주려고 했을 테지. 어쨌든 두 사람의 만남 이후 극작가를 꿈꾸던 플라톤은 자신이 쓴 비극들을 모두 태워버리고, 소크라테스의 제자가 되었어. 그 후 10년 동안 그는 자신의 귀에 들어오는 모든 말을 기록했어. 자신의 우상인 소크라테스와 끝없이 토론했고, 소크라테스가 죽을 때까지 그가 하는 말을 모두 기록했지.

소크라테스의 아내 크산티페도 플라톤에게 많은 영향을 주었어. 플라톤은 여성에 대한 혐오감을 적나라하게 드러냈거든. 그는 여자들이 싸우기 좋아하고, 간교하고, 깊이가 없이 천박하다고 했어. 심지어는 인생에서 실패한 남자들이 그 벌로 여자로 다시 태어난다고 주장했지. 아이를 낳아 키우기 위해서는 여자가 중요하다는 점은 인정했지만 올바른 짝을 맺어주는 일은 국가의 과제로 여겼어. 국가가 전쟁 시에 복무하는 남자들에게 그 대가로 여자를 할당해야 한다고 주장했지.

'모든 이론은 회색'이라는 말이 있어. 삶과 유리된 이론은 의미가 없다는 말이야. 플라톤은 '플라토닉 러브'로 지칭되는 순수한 정신적 사랑을 추구했어. 그는 결혼을 하지 않았고 자식을 낳은 적도 없었어.

플라톤은 위대한 스승 소크라테스처럼 자신의 철학 사상을 책으로 남기지 않고, 입에서 입으로 전해지게 하려고 했어. 언어로 표현한 모든 것은 미움 받거나 몰이해에 부딪힌다고 생각했거든. 하지만 그는 다행히 생각을 바꿔서 자신의 사상을 대화 형식으로 집필했어.

플라톤은 글을 쓸 때 두 주인공이 문학적으로 서로의 생각을 주고받는 형식으로 쓰길 좋아했어. 플라톤 자신은 그 인물들 뒤로 물러서 있으면서 누구의 입장도 편들지 않았어. 그래서 독자나 청중도 자유롭게 어떤 때는 이 인물, 어떤 때는 저 인물의 말이 옳다고 지지하면서 자신의 생각을 키울 수 있었어. 이 방법은 함께 생각하도록 만들었고, 독단적이지 않았어. 다른 학습서보다 강한 효과가 있었고, 설명되지 않은 것은 그대로 내버려두어도 상관없었어.

플라톤이 다룬 주제는 아주 다양했어. 플라톤의 대화록 중에서는 사형 선고를 받은 소크라테스가 법정에서 한 말을 기록한 《소크라테스의 변론》이 잘 알려져 있어. 플라톤은 특히 인간이 만물의 척도라고 주장한 소피스트들의 주장을 반박하려고 했어.

소피스트(Sophist)는 그리스어로 '지혜로운 자'를 뜻하는 말인데, 아테네를 중심으로 보수를 받고 젊은이들에게 수사학과 웅변술을 비롯한 다양한 분야를 가르친 사람들이었어. 이들은 보편타당한 진리에 대해 의구심을 가졌고, 추상적인 존재나 세계보다는 인간이 중심이 되는 경험 세계를 중요하게 생각했어. 반면에 플라톤은 인간의 감각이 사고와 행동의 척도가 될 수 없고, 오직 세계 영혼(Anima mundi)[5], 보편타당한 진리만이 존재한다고 생각했어.

플라톤은 예술과 국가, 윤리학, 사랑, 앎에 대한 문제를 철학적으로 다루었어. 인식론을 세우고 자연철학을 발전시켰으며, 죽음 이전과 이후의 영혼의 삶에 대해서도 깊이 성찰했어. 플라톤이 쓴 책 중에서 《크리티아스》는 전설적인 대륙 아틀란티스를 처음 언급한 것으로 유

---

[5] '우주 영혼'이라고도 말하며, 몇 개의 사상 체계에서는 지구상에 살아 있는 온갖 것이 본질적으로 연결되어 있다는 것을 의미한다.

명했어. 아틀란티스는 찬란한 문화를 꽃피운 지상낙원 같은 곳이었는데, 1만 2000년 전 지진 때문에 하루아침에 해저로 가라앉았다고 해.

플라톤은 특히 이데아론으로 서양 철학에 가장 지속적으로 영향을 주었어. 이데아(Idea)는 플라톤 철학의 중심 개념이야. 우리 눈에 보이는 감각 세계 너머에 있는 영원한 실재이자, 모든 사물의 순수한 근원, 변하지 않는 원형을 뜻해.

플라톤은 정의와 지혜, 도덕의 본질이 무엇인지 밝히려고 끊임없이 골몰했어. 당시 국가를 다스리던 정치인들의 부정부패와 무능력, 무엇보다 소크라테스를 죽음으로 몰고 간 부당한 정치의 조작 재판이 플라톤을 그것에 몰두하게 만들었어.

플라톤이 얻은 결론은 다음과 같았어. 인간은 정의가 무엇이고 그 밖의 모든 미덕이 무엇인지 안다. 인간의 영혼에는 그것의 이데아, 원형에 대한 지식이 선험적[6]으로 존재한다. 따라서 그것을 인식하려고 노력해야 한다. 그는 인간의 영혼은 불멸한다고 했어.

---

[6] 여기에서 '선험적'이라는 말은 경험에 앞서서 인식의 주관적 형식이 인간에게 있다는 주장을 의미한다. 대상에 관계되지 않고 대상에 대한 인식이 선천적으로 가능함을 밝히려는 인식론적 태도를 말한다.

플라톤은 철학 학교인 아카데미아(Academia)를 세웠고, 언젠가는 철학자들이 국가를 다스리는 날이 오기를 바랐어. 80세에 세상을 떠났는데, 마지막으로 이런 말을 남겼어.

인간사는 크게 주목할 만한 가치가 없다.

데모크리토스
Democritos
기원전 460년~360년경

웃는 철학자

사실 이 비범한 남자에 대해 우리가 아는 내용은 많지 않아. 사색과 집필 활동에 몰두해 굉장히 많은 저서를 썼다고 하는데 대부분 단편적으로만 전해졌기 때문이야.

데모크리토스는 철학뿐 아니라 수학, 물리학, 윤리학, 천문학, 지질학, 광물학, 동물학, 식물학, 음악과 그림, 문학, 언어학을 연구했어. 심지어는 농업과 전쟁학, 기상학, 의학도 연구해서 관련 분야의 책까지 썼다고 해. 그는 정밀 자연과학의 창시자라고 할 수 있어.

데모크리토스는 100세까지 살았다고 하는데, 세계주의자인 그는 이런 말을 한 적이 있어. 나는 나와 같은 시대에 사는 사람들 중에서 가장 먼 곳까지 세상을 돌아다닌 사람이다.

데모크리토스의 사상에는 신이 들어갈 자리는 없었어. 영혼의 불멸성은 단지 환상일 뿐이라고 생각했거든. 그는 우주가 신들이 사는 곳이 아니라고 했어. 우주에는 원자들과 텅 빈 공간만 있을 뿐이고, 그 밖의 다른 것은 모두 (증명되지 않은) 의견이라고 했지.

데모크리토스에 따르면 모든 물질은 원자로 이루어졌어. 원자는 더 이상 쪼갤 수 없고 감각이 없는 존재이고, 크기와 배열, 형태에 따라서만 서로 구분돼. 어떤 물질 속에 결합해 있던 원자들이 분리되면 물질은 부서질 수 있어. 하지만 원자는 변하지 않아. 원자의 수는 무수히 많고, 끊임없이 움직여.

데모크리토스는 주변에 제자들을 모으지 않았고, 자기 학파를 세우지도 않았어. 또 여자들을 대수롭지 않게 생각하고 자식을 원치 않아서 평생을 독신으로 살았어. 결혼을 하면 철학에 방해가 될 거라고 생각했거든.

그는 사회적으로 인정받으려 하지 않았고 공직을 얻으려고 애쓰지도 않았어. 그래서 이런 글도 남겼어. 페르시아의 왕이 되느니 차라리 기하학의 증명 하나를 찾아내겠다.

데모크리토스는 유머를 아는 사람이었고, 영혼의 쾌활함을 가진 사람이었어. 그래서 웃는 철학자로 불리게 되었지.

그런데 무뚝뚝한 플라톤은 바로 그 이유 때문에 데모크리토스를 미워했고, 심지어는 그의 책들을 모두 사들여 불태워버릴 생각까지 했대. 하지만 그러기에는 책들이 너무 많았나 봐. 데모크리토스에 반대한 플라톤은 자신이 쓴 모든 저서를 통해서 그의 사상에 응답했어. 그런데도 그 모든 저서에서 데모크리토스의 이름을 단

한 번도 거론하지 않았어.

데모크리토스는 인간을 어리석은 존재로 생각했고, 그 이유로 다음과 같은 것을 꼽았어.

- 인간은 죽으면 아무것도 무덤으로 가져갈 수 없는데도 전 세계를 정복하기를 원해.

- 인간은 죽음을 두려워해서 오래 살기를 바라면서도 막상 나이가 들어 쇠약해지면 한탄하고 불평만 늘어놓는 존재야.

- 인간은 언제나 새로운 것을 추구하면서 자신이 갖고 있는 것에 대해서는 기뻐하지 않아.

- 인간은 오직 금은보석을 얻으려고 자신들이 찬미하는 지구를 황폐하게 만들어.

로마인들은 데모크리토스의 철학과 유머를 높이 평가했어. 그들은 날카로운 풍자와 재치 있는 유머를 좋아했거든. 하지만 그것을 받아들이는 통치자들의 입장은 제각각이었어. 네로 황제의 스승이었던 세네카는 이렇게 말했어. "인생에 대해 우는 것보다는 웃는 것이 더 인간답다." 하지만 네로 황제의 생각은 그와 달라서 세네카에게 자살하라고 명령했어.

고대 로마의 시인 유베날리스[7]는 데모크리토스에 대해 이렇게 썼어.

"그는 사람들의 걱정과 기쁨, 때로는 눈물까지도 비웃었고, 그 자신은 위협하는 운명의 여신에게 밧줄을 권하며 자신의 가운뎃손가락을 내밀었다."

유명한 의사 히포크라테스는 데모크리토스를 자신이 만난 사람들 중에서 가장 현명한 사람으로 생각했어. 웃으면 건강하다는 그의 명언은 어쩌면 데모크리토스 때문에 나왔을지 몰라.

7 유베날리스(Decimus Junius Juvenalis)는 고대 로마의 시인이다. 작품으로는 《풍자시집》이 남아 있으며 당시의 부패한 사회상을 조롱한 풍자시 모음집이다.

아리스토텔레스

Aristoteles

기원전 384년~322년

너 자신이 돼라

✦✦ 아리스토텔레스는 그리스 북동쪽에 위치한 트라키아(Thracia)의 한 시골에서 부유한 의사의 아들로 태어났어. 그는 아버지처럼 의사가 되고 싶진 않았어. 당시 많은 청년들처럼 대도시인 아테네로 가기를 꿈꾸었고, 의술을 포함해 자연과학 전반의 지식을 배우는 철학자가 되기를 원했어.

그래서 17세에 아테네로 가서 플라톤의 아카데미아에 들어갔어. 아리스토텔레스는 몸집이 작고 수줍게 속삭이듯 말하는 소년이었고, 근시에 병약해서 다리에 힘이 없었어. 그래서 그런 외모를 드러내고 싶지 않았는지 항상 최신 유행하는 옷을 입고 귀금속으로 치장한 멋쟁이였고, 머리도 미용실에서 손질했어. 식도락을 즐겼고, 따뜻한 올리브기름에 목욕하는 것을 좋아했어. 목욕을 한 뒤에는 그 기름을 다시 팔기도 했다지.

아리스토텔레스는 플라톤의 아카데미아에서 20년 동안이나 공부했어. 그래서 플라톤이 책벌레라는 별명까지 지어주었대. 그는 스승 플라톤을 신처럼 숭배했어. 그런데 플라톤이 죽고 난 뒤 그가 아닌 다른 사람이 플라톤의 후계자가 되었지. 크게 실망한 아리스토텔레스는 아테네를 떠나 아버지의 고향인 마케도니아로 갔고, 거기서 당시 왕자였던 알렉산드로스 대왕의 가정교사가 되었어. 그는 거칠고, 혈기왕성한 사춘기 소년이던 알렉산드로스에게 3년 동안 자신의 이론을 가르쳤어. 하지만 교사로서 크게 성공하지는 못한 것 같아. 국가 법을 연구한 아리스토텔레스는 한 국가의 국민이 10만 명 이상이면 안 되고, 전체 영토는 언덕 꼭대기에서 한 눈에 내다볼 수 있는 크기여야 한다고 생각했어.

그것은 세계 정복을 꿈꾸던 제자의 목표와는 맞지 않았어. 16세 성년이 된 알렉산드로스는 고리타분하고 늙어버린 스승을 해고하고 다른 사람을 고용했어. 그런데 새 가정교사도 알렉산드로스의 마음에 들지 않았나 봐. 사자들의 밥으로 던져졌거든.

아리스토텔레스는 아테네로 돌아와 자신의 아카데미인 '리케이온(Lykeion)'을 설립해 제자들을 모아 가르치기 시작했어. 그는 이리저리 산책을 하면서 강의를 했고 제자들은 그의 뒤를 따랐어. 그것은 아마 그의 건강 상태 때문이었을 거야. 자리에 앉으면 복통에 시달렸기 때문에 따뜻한 물주머니를 달아야 했거든.

아리스토텔레스는 항상 일에 빠져 살았고, 잠자는 시간조차 낭비라고 생각했어. 그래서 피곤할 때는 옆에다 청동 대야를 놓고 쇠공을 손에 쥔 채 자리에 누웠어. 잠이 들어서 손에 힘이 풀리면 쇠공이 청동 대야로 굴러

떨어져 소리를 내 잠을 깨우게 했지. 그러면 다시 깨어나서 철학에 전념할 수 있었으니 말이야.

알렉산드로스 대왕이 죽자 아테네인들은 한숨을 돌렸어. 드디어 세계 정복자의 위협에서 벗어나 자유를 누릴 수 있게 되었거든. 그들은 이제 압제자의 스승이던 아리스토텔레스를 법정에 세울 수 있다고 생각했어. 그러자 자신이 소크라테스와 똑같은 운명에 처하게 될 것을 두려워한 아리스토텔레스는 아테네에서 도주했어. 그리고 그로부터 1년 뒤, 63세를 일기로 타지에서 세상을 떠났어.

아리스토텔레스는 후대에 방대한 양의 저서를 남겼어. 거의 천 권에 이르는 책을 썼다고 해. 그는 강의를 하는 듯한 어조로 글을 썼고, 비판적이고 딱딱한 어투로, 꼼꼼하고 세부적인 것까지 일일이 설명했어. 그래서 그의 문체는 열정이 없고 건조하다는 느낌을 줘. 나중에 어떤 박식한 책벌레가 아리스토텔레스가 쓴 저서를 일일이 헤아렸는데, 전체 문장 수가 44만 5270개였대.

아리스토텔레스의 이론은 자연과학 연구에는 재앙이나 다름없었어. 거의 2천 년 동안 아무런 검증 없이 그의 이론을 가르쳤는데, 거기에는 어처구니없는 주장들이 많았어. 예를 들면, 이런 것들이야.

남자는 여자보다 치아가 더 많다. 뇌는 피를 식히는 역할을 한다. 인간의 정신은 심장에 있다. 동물들의 영혼이 그들의 몸을 움직이게 한다. 자고새는 바람을 통해 번식한다. 제비는 다리가 없다. 쥐가 소금을 먹으면 새끼를 밴다. 동물들은 오물에서도 태어날 수 있다. 태양과 행성의 움직임은 그들 자체가 신들이거나 그곳에 신들이 살기 때문이다.

하지만 아리스토텔레스의 철학이 위대한 것은 자연의 본질을 전체성에서 관찰[8]했다는 거야. 그는 만물의 창조에는 목적이 있는데, 그 목적이 실현된 상태가 엔텔레케이아(entelecheia)라고 가르쳤어. 즉 자연 만물에는 완전해지려는 충동이 내재해 있고, 그 충동에 따라 발전하고 진화해서 완전한 상태에 도달한다는 거야. 생명의 진화론을 주장한 다윈(Charles Robert Darwin, 1809~1882)이 좋아할 소리지.

아리스토텔레스에 따르면 인간도 완전한 상태에 이

---

[8]   세상을 전체로 바라보며 그 속에서 개별적인 생명 하나가 가지는 의미와
       가치를 따졌다는 것을 의미한다.

르기 위해서 자기실현을 추구해. 너 자신이 돼라. 아리
스토텔레스는 이 요구로 인간을 세계의 중심에 놓는 휴
머니즘의 선구자가 되었어. 또 인간 삶의 의미는 '세계
인식'이지 '세계 지배'가 아니라고 했어.

에피쿠로스
Epikuros
기원전 341년~279년

쾌락이 전부다

에피쿠로스가 말하는 세계는 오직 원자들의 우연한 충돌과 결합, 소멸로 이루어져. 모든 것은 소멸하고, 신체가 죽으면 영혼도 죽는다고 했지. 따라서 불멸의 존재도 없다고 했어.

특이하게도 그가 쓴 책에는 신들이 등장하는데, 그들은 올림포스 어딘가에 살면서 인간사에는 전혀 관심이 없어.

에피쿠로스는 학문이 미신을 몰아내기 때문에 유익하다고 했어. 다른 철학자들을 떠버리에 사기꾼으로 여기면서 자신의 저서를 유일한 진리로 삼았어. 에피쿠로스의 신봉자들은 그가 죽은 뒤 그의 저서에서 단 한 마디도 고치지 않겠다는 맹세를 해야 했대.

그 무엇과 그 누구도 두려워하지 말고 살라. 죽음과 종교조차 두려워하지 마라. 그는 그래야만 마음의 평정을 얻을 수 있다고 했어. 두려움의 가장 큰 원천을 종교와 죽음으로 생각했기 때문이야. 그래서 이렇게 제안했어. 네가 가진 최고의 자산인 이성을 사용하라. 이익 추구와 정치의 감옥에서 벗어나라. 부와 명예에 대한 욕망은 인간을 허영심에 빠지게 하고 쉬지 못하게 하기 때문이다. 더 나아가서는 이렇게 말했어. 인간들 사이에 존재하는 신처럼 은둔해서 살아라. 그러면 영혼의 평화를 얻을 것이다.

에피쿠로스는 유물론자[9]였고, 그가 가장 좋아하는 단어는 쾌락이었어. 그는 이렇게 썼어. 맛있는 음식과 사랑이 주는 기쁨과 보고 듣는 것의 즐거움을 빼놓고는 좋은 것을 상상할 수 없다.

이런 말을 들으면 에피쿠로스가 평생 풍요롭게 먹고 마시면서 방탕하게 살았을 거라고 생각할 수 있을 거야. 하지만 정반대였어. 그는 무척 가난했고, 언제나 병이 들어서 고통스러워했어. 주로 빵과 물만 먹고 살았고, 가끔씩 친구들에게 치즈를 가져다 달라고 부탁했어.

그는 항상 적게 먹고 적게 마셨는데, 위에 문제가 있었기 때문이야. 결혼과 방탕한 성생활에 대해서도 경고했어. 성행위는 격렬하고 열정적인 활동이고, 그 과정에서 태어나는 아이들은 운명의 인질이라는 거야. 또 삶을 온전하게 즐기기 위해서는 정신을 수양하고, 삶의 고통보다는 기쁨을 더 생각해야 한다고 했어.

---

9 유물론은 만물의 근원을 물질로 보고, 모든 정신 현상도 물질의 작용이나 그 산물이라고 주장하는 이론을 말한다. 이 학설은 고대 그리스의 원자론에서 비롯하였으며, 근대의 기계적, 자연과학적 또는 변증법적 유물론에 이르렀다.

에피쿠로스가 가장 귀중하게 여긴 것은 우정이었어. 우정은 쾌락에서 떼어낼 수 없고 잘 가꾸어져야 한다. 우정 없이는 안심하고 두려움 없이 살 수 없기 때문이다. 자연은 우정을 위해 우리를 창조했다.

에피쿠로스는 아테네의 작은 정원에서 자신을 찾아오는 사람들을 가르쳤어. 그들은 친구들과 그 자식들, 그 자신의 형제들이었지만, 그중에는 여자와 노예, 창녀들도 있었어. 그것은 당시로서는 굉장히 충격적인 일이었고, 그에게 좋지 않은 평판을 안겨주었어. 그는 자신의 신봉자들로 구성된 성스러운 공동체에 대해 이렇게 말했어. 최고의 선은 현명함이다. 현명함은 철학보다 더 귀중하다.

에피쿠로스에게 철학은 행복한 삶을 사는 데 도움을 주는 것이었어. 그는 철학을 이해하기 위해서 수학과 논리학을 배울 필요는 없고, 누구나 건강한 이성만 있으면 철학자가 될 수 있다고 했어. 그러면서 모든 인간에게 철학적으로 생각하라고 요구했어. 영혼의 건강을 돌보는 데 너무 이르거나 늦은 때는 없기 때문이라고 했어.

에피쿠로스는 300권 이상의 책을 썼다고 하는데 그 중 몇 권의 내용 일부와 편지만 단편적으로 전해져. 쾌락은 행복한 삶의 시작이자 끝이다. 에피쿠로스는 한 편지에서 그렇게 썼어. 그런데 그 자신은 장폐색(창자막힘증)으로 고통스러워하며 비참하게 죽었어.

제논
Zēnōn
기원전 334년~262년

의무가 부른다

제논은 모든 분야에서 에피쿠로스와는 반대였어. 그의 신조는 쾌락이 아닌 의무였어.

제논은 공무원과 정치인의 수호성인이라고 할 수 있을 거야. 공직에서의 의무를 강조한 그의 사상은 프로이센의 프리드리히 대왕이 한 말을 떠올리게 해. 나는 내 국가의 첫 번째 신하이다.

제논은 실제로 엄격한 절제와 검소한 생활을 중시한 프로이센의 특징을 지녔어. 청렴하고 매수당하지 않았고, 먹고 마시는 것과 육체적 쾌락도 절제하면서 살았어. 외모도 엄격했고, 비쩍 마른 몸에 눈빛은 매서웠지.

제논은 페니키아인이었고 키프로스 섬에서 태어났어. 젊은 시절에는 상인으로 활동하면서 돈도 벌었는데, 어느 날 값비싼 직물을 싣고 항해하다가 난파를 당했대. 그는 간신히 목숨을 건진 뒤 아테네로 왔고, 거기서 아리스토텔레스와 플라톤의 저서를 가진 서점상의 집에 세 들어 살게 되었어. 이 만남은 결국 철학에 대한 그의 관심을 일깨웠어. 제논은 그 뒤로 소크라테스를 성인처럼 숭배하기 시작했어. 삶의 모든 외적인 부분에서 그가 보여준 검소함과 법정에서의 당당한 태도, 죽음을 받아들이는 의연함을 배우고 싶었기 때문이지. 소크라테스는 제논의 삶의 본보기가 되었어.

그로써 제논은 완전히 다른 사람으로 변했어. 건강, 행복, 재물은 아무 의미가 없다. 미덕, 이성, 의무가 전부다. 그는 철학자가 되었고, 시민들의 광장인 아고라(agora) 안에 있던 기둥이 늘어선 복도에서 제자들을 가르쳤어. 그리스어로 그렇게 줄기둥이 있는 복도를 스토아(stoa)라고 했고, 그의 신봉자들은 스스로를 스토아학파[10]라고 불렀어.

제논은 우연을 믿지 않았어. 그래서 자신이 젊은 상인이었을 때 겪은 난파도 놀라운 신의 섭리로 이해했어. 그는 자연의 만물에 깊은 의미와 목적이 내재해 있다고 믿었어. 심지어는 빈대까지도 유익한 점이 있다고 했는데, 이른 아침이면 빈대가 그를 물어서 침대에서 일으켜 세우기 때문이랬어.

그는 다음과 같은 엄격한 결론을 내렸어. 인간은 냉정하고 의연하게 운명을 견뎌야 하고 공동체에 헌신해야 한다.

---

10   제논이 창시한 그리스 철학의 한 학파로 윤리학을 중요하게 다루었고 금욕과 극기를 통하여 자연에 순종하는 현인(賢人)의 생활을 이상으로 내세웠다. 후에 로마의 철학자 세네카 등이 이를 완성했다.

그에게 철학을 한다는 것은 올바른 생활방식의 기술을 성찰하고 터득하는 거였어. 그래서 자기 자신과 철학이 조화를 이루는 것을 도덕적 과제라고 했어.

그런데 어떻게 하면 그렇게 할 수 있을까? 제논에 따르면 그것은 자기인식을 통해서 가능해. 그는 신과 자연은 분리되어 있지 않기 때문에 자연과 일치해 살아야 한다고 했어. 물질적인 세계 전체와 우주에도 신의 섭리가 스며들어 있고, 신의 섭리와 자연은 동일하다고 했어. 그런 이유에서 더는 신전을 짓지 말라고 요구했어. 신전이 귀중하거나 성스러운 것으로 여겨져서는 안 된다. 건축 장인이나 기술자들의 손으로 만든 그 무엇도 특별히 귀중하거나 성스러울 수는 없다.

그는 각 개인이 '자발적으로' 신적인 질서에 순응해야 한다고 요구했어. 내적으로 자유롭고 자신의 이성에 따라 행동하는 인간만이 자유롭다고 생각했거든.

제논은 지금까지도 사람들의 생각과 행동에 많은 영향을 주고 있어. 제논의 신봉자이자 로마 제국의 강력한 황제였던 마르쿠스 아우렐리우스는 《명상록》에서 제논의 뜻을 이어받은 여러 가지 말을 남겼어.

- 현재는 영원의 한순간일 뿐이다.
- 때로는 아무것도 하지 않는 사람도 부당한 일을 저지른다.
- 세상에 대해 화를 내는 것은 어리석다. 세상은 거기에 신경 쓰지 않는다.

아우렐리우스 황제뿐 아니라 노예 출신이었다가 네로 황제에 의해 자유 신분이 된 에픽테토스도 스토아학파였고 제논의 신봉자였어. 그는 《도덕에 관한 작은 책》에서 이렇게 말했어.

세상의 일들이 네가 원하는 대로 일어나길 바라지 말고, 그 일이 실제로 일어나는 그대로 일어나길 바라라. 그러면 네 삶이 즐겁게 흘러갈 것이다.

제논은 72세에 길을 걷다가 균형을 잃고 넘어지면서 발가락이 부러졌는데, 그로부터 얼마 뒤에 자살을 했어.

플로티노스
Plotinos
204년~270년

이 세상의 아름다움을 위해 싸운 투사

플로티노스는 마지막 고대 철학자였어. 이집트에서 태어났고, 절망으로 가득한 세상에서 살았어. 그 무렵 로마 제국의 시민 3분의 1이 전쟁과 질병으로 목숨을 잃었고, 도시와 식민지는 재정이 파탄 난 상태였거든.

플로티노스는 알렉산드리아에서 공부한 뒤 39세에 로마로 이주했어. 로마에서 공개 강연을 했는데, 그 자리에 로마 황제가 그의 부인을 데리고 참가할 정도로 그를 아꼈대. 플로티노스의 주된 관심사는 이 세상의 아름다움이었고, 예술과 음악, 수학, 천체의 세계를 탐구했지. 현실 세계의 불행과 몰락에 대해서는 한 마디도 언급하지 않았어.

누군가 왜 신전에 가서 신들에게 제물을 바치지 않느냐고 묻자 그는 이렇게 대답했어. 신들이 나에게 와야 하오.

플로티노스는 물질을 증오하고 몸의 감각과 욕망을 없애라고 가르쳤고, 스스로 그것을 실천하면서 살았어. 그는 육체를 이끌고 살아야 한다는 사실을 수치스러워했어. 그래서 자기 생일도 비밀로 했는데, 그런 유감스러운 일을 축하하고 싶지 않았기 때문이야. 몸이 아파도 의사를 찾아간 적이 없었고, 삶을 유지하는 데 꼭 필요한 것만 먹으면서 잠도 최대한 적게 잤어.

그는 정직함과 쉽고 단순한 말, 실천적 모범으로 청중을 감동시킨 금욕주의자였어. 많은 로마인이 그의 가르침에 따라 흥청망청 먹고 마시던 습관을 버렸고, 그 덕분에 그들을 괴롭히던 통풍[11]에서 해방되었어. 플로티노스가 로마에서 본보기로서 좋은 평판을 누리게 된 것은 이런 치유 효과 때문이었을 거야.

플로티노스 자신은 종종 신비한 무아지경 상태에 빠지곤 했어. 그 이후 자신이 본 다른 세계의 아름다움을 묘사하려고 했지만 그것을 표현할 언어를 찾지 못했어. 그것은 죽음의 문턱을 체험한 것과 비슷한 경험이었던 것 같아.

플로티노스 이후 세상은 암흑에 빠졌고, 아름다움의 추구는 악마의 소행이 되었어.

---

11   통풍은 고대 그리스와 로마 시대부터 있었던 병으로 서민들보다는 주로 왕과 귀족들에서 발생한다고 해서 '왕들의 병' 혹은 '부자병'으로 불렸다. 통풍은 여러 가지 원인에 의해 요산이 체내에 증가하게 되고, 이러한 요산의 결정체가 관절이나 그 주위 조직에 침착하여 통증이 발생하는 질환이다.

중세 - 교회의 시대

400년~1500년

고대 문화가 몰락하고 중세의 암흑시대가 시작
되었어. 이후 1천 년 동안은 종교적인 것이 철
학의 유일한 주제였어. 철학은 더 이상 종교와 자연과
학 사이에서 자유롭게 생각하는 분야가 아니었고, 교회
의 관점에서 세계와 인간을 관찰하고 판단했어.

이제 철학을 한다는 것은 이성의 도움으로 신앙을 변
호하는 것이었고, 이성은 절대적으로 신앙에 종속되어
야 했어.

궁핍과 전쟁, 페스트[12]는 미신을 확산시켰어. 현실의
삶이 정죄의 심판과 지옥으로 변했고 사람들을 깊은 절
망에 빠트렸어. 이런 세상에서 신자들은 오직 천국에
간다는 희망으로 살아야 했어.

삶의 기쁨은 완전히 말라버렸어. 인간은 고난을 이겨
내며 살아야지 웃으며 살면 안 되는 세상이었어.

---

[12] '흑사병'으로도 불린다. 유럽에서는 1347년 처음 창궐한 이래 많은 희생자
가 발생하여 공포의 대상이었다. 1340년대 흑사병으로 약 2천5백만 명이
희생되었다.

아우구스티누스
Aurelius Augustinus

354년-430년

원죄설의 창시자

아우구스티누스는 훗날 도덕군자로 이름을 떨치지만 젊은 시절에는 방탕한 삶을 살았어. 남의 물건을 훔치고, 습관적으로 술을 마시고, 거짓말을 일삼고, 밤에 악의 없는 행인들을 두들겨 패고, 수많은 여자들을 만나고 다녔어. 한 여성과는 동거를 하면서 아들도 하나 낳았는데, 그 여성이 결혼하고 싶다고 하자 헤어지려고 했어. 그는 그 결혼을 피하려고 좋은 집안의 딸과 즉시 약혼했고, 약혼 기간에도 새로운 애인을 만났어. 형편없는 바람둥이였지.

그러던 그가 갑자기 기독교에 귀의했어. 33세에 세례를 받았고, 밀라노에서 교수직을 그만두고 고향 카르타고로 돌아갔어. 혼자 조용히 지내면서 철학과 신학 공부에 매진하기 위해서였지.

나는 신과 영혼을 인식하고 싶다. 그 밖엔 아무것도 원치 않는다.

그것은 중년에 겪는 삶의 위기였을까? 아니면 신의 계시를 받은 걸까? 아우구스티누스는 신학자이자 철학자로 변신했고, 인간의 이성을 신앙에 종속시켰어. 그는 《성경》을 깊이 연구한 뒤 다음과 같은 인식에 도달했어.

– 신을 인식하고 사랑하는 것이 우리 삶의 유일한 목표다.

– 앎과 호기심은 쓸데없는 노력이다.

– 다른 것은 전혀 몰라도 신을 아는 사람은 행복하다.

– 세계는 아직 6000년도 되지 않았고, 시간은 세계와 함께 창조되었다.

아우구스티누스는 아담을 죄 없이 태어난 최초이자 마지막 자유로운 인간이라고 생각했어. 그런데 아담은 사탄의 유혹에 넘어가는 죄를 범했고, 모든 인간은 그에게서 태어났기 때문에 인간은 그의 죄를 물려받아 원죄[13]의 영원한 저주를 받는다고 했어.

– 죽음이 그 죄의 대가이다.

– 모든 인간은 악하다.

---

[13] 원죄의 개념은 《성경》의 창세기에 등장하는 최초의 인간 아담(Adamah)과 이브(Eve)의 이야기에서 등장한다. 하느님이 천지를 창조하면서 흙으로 아담을 만들었으며, 그의 아내인 이브와 함께 축복받은 땅인 에덴동산에 살았다. 하지만 뱀의 유혹에 빠진 이브의 권유를 받고 선과 악을 구별하는 능력이 생기는 나무열매(선악과)를 먹게 된다. 하느님이 먹지 못하게 금지한 열매를 먹음으로써 죄를 짓게 된 것이다. 원죄설은 이것이 인간의 최초의 죄이며 그로 인해 모든 인간은 원죄를 지닌 채 태어난다는 주장이다.

고대에는 모든 인간이 선천적으로 선하다고 믿었어. 아우구스티누스는 어떤 사람은 천국에 가고 어떤 사람은 가지 못하는 이유를 설명하지 못했어. 모든 일은 오직 신에 의해 결정되기 때문이라고 했어.

- 세례를 받지 않은 아이는 영원히 저주를 받게 된다. 그들은 사탄의 자식이다.

- 국가는 교회의 지배를 받아야 한다.

- 육신이 부활한 뒤 저주받은 자들의 몸은 영원히 불에 탈 것이다.

반면에 다른 분야에서는 놀라울 정도로 근대적인 측면을 보여주었어. 세계는 신에 의해 무에서 창조되었다. 이는 신학에서의 빅뱅 이론이라고 할 수 있어. 고대 철학자들은 신을 창조자로 관찰하지 않았고, 근원 물질로 세계와 만물을 만들어낸 천재적인 예술가나 기술자로 여겼거든.

그는 데카르트보다 훨씬 이전에 스스로에게 물음을 던졌어. 나는 내가 존재한다는 사실을 어디서 알 수 있을까? 그러고는 이렇게 대답했어. 나는 내가 생각하고 있다는 사실을 안다. 그러므로 나는 존재한다.

이런 아우구스티누스에게도 인간이 살고 있는 '시간'에 대한 물음은 무척 어려웠어. 그에게 신은 시간을 초월한 존재였고 영원한 현재였거든. 아무도 나에게 묻지 않았을 때는 나는 시간을 안다고 생각했다. 그런데 시간을 설명하려고 하면 나는 모르게 되고 만다.

그래서 그는 이런 결론을 내렸어. 시간은 인간의 정신 속에만 존재한다. 과거는 기억으로만 존재하고, 미래는 기다려야만 오기 때문이다. 따라서 과거와 미래의 시간 개념은 오직 현재 속에만 존재한다.

아우구스티누스는 신국(神國, 신의 나라)을 꿈꾸었어. 그는 어머니교회는 신국의 불완전한 모방일 뿐이라고 했어. 그리스도의 공동체 안에서는 죄인이 의지할 곳을 찾을 수 있지만, 교회 밖에서는 구원받을 수 없다고 했어.

교회는 아우구스티누스를 통해서 막강한 지위를 얻었어. 아마 그 때문에 그를 교부(敎父), 즉 교회의 아버지라고 부르는 걸 거야.

아우구스티누스와 함께 고대 문화는 몰락했어. 사람들 사이에는 절망감이 확산되었어. 모두가 지옥 같은 삶을 살아야 했는데, 전쟁과 전염병이 끊이질 않고 곳곳에서 파괴가 일상이 되어버렸기 때문이었어. 그러자 갖가지 미신이 창궐했고, 마녀와 마법사들은 사람들의 불안을 이용해 그들을 미혹했어. 인류 역사는 신과 악마 사이의 전쟁터가 되었어.

교회가 지배하는 시대는 1천 년 이상 이어졌어. 1400년도에 태어난 인문주의자이자 종교개혁가인 울리히 폰 후텐(Ulrich von Hutten, 1488~1523)의 시대에 와서야 사는 것은 즐거움라고 말할 수 있었어.

안셀무스

Anselmus Cantuariensis

1033년~1109년

신의 존재를 증명하려고 한 사람

캔터베리 대주교 안셀무스는 귀족인 아버지의 뜻에 따라 정치인이 되기 위한 교육을 받았어. 하지만 자식들은 때때로 아버지의 뜻을 거스르고 자신의 길을 걷기를 원하지. 안셀무스 역시 그중 한 사람이었어. 그는 27세에 한 수도원의 수사가 되었고, 얼마 지나지 않아 부수도원장이 되었다가 45세에 대수도원장에 올랐어. 그는 언변이 뛰어난데다 책을 많이 읽었고, 그리스 철학을 공부하고 많은 시간을 집필 활동에 전념했어. 인간에 대한 해박한 지식으로 유명한 그는 자신의 신념을 다음과 같이 말했어. 나는 이해하기 위해서 믿는다.[14]

안셀무스는 60세에 영국 교회의 최고 자리인 캔터베리의 대주교가 되어 달라는 요청을 받았어. 하지만 그는 교황과 왕 사이의 권력 싸움에 말려들고 싶지 않아 거절했지. 그러자 주변 친구들은 책략을 써서 그의 마음을 돌리려고 했어. 그들은 병든 왕의 침상에서 그의 손에 양치기를 상징하는 주교 지팡이를 들려주었어. 그

---

[14] 안셀무스는 철학이 항상 신앙 아래에 있다고 보았다. 하지만 신앙을 유지하는 데 있어 철학이 매우 큰 역할을 한다고 생각했다. 즉, 신앙이 있더라도 철학을 이해하지 못한다면 옳지 못한 일이라고 주장했다.

런 다음 그를 교회로 데려가 신과 그리스도를 찬미하는 라틴어 찬송가, 테 데움(Te Deum)을 불렀어. 결국에 그는 자신의 양들을 헌신적으로 돌보는 훌륭한 양치기가 되었고, 그들의 마음에 도사린 신에 대한 의구심을 몰아냈어.

그는 신의 존재를 신앙과 이성의 힘으로 증명하려고 했어. 신앙과 이성은 신이 인간에게 선사한 것이기 때문에 서로 모순되지 않는다고 생각했거든. 인간의 생각 속에 신이 존재한다면 현실에도 당연히 존재한다고 믿었어.

캔터베리 대주교 안셀무스는 76세에 세상을 떠났어. 사후 세계가 있다면 그곳에 가서 자신의 증명이 옳았는지 확인할 수 있었겠지.

토마스 아퀴나스
Thomas Aquinas
1225년~1274년

이성은 신앙에 해롭지 않다

토마스는 아퀴나스 백작의 막내아들로 태어났고, 아버지의 뜻에 따라 어려서부터 성직자의 길을 걸어야 했어. 그는 나폴리대학에서 최고의 교육을 받았어. 성공적으로 학업을 마치고 나면 잉어 양식장과 포도주 창고까지 딸린 부유한 수도원의 수도원장을 맡을 예정이었지. 전해지는 문헌에 따르면 그는 굉장히 뚱뚱했어. 배가 너무 나와서 그가 사용하는 독서용 책상까지 따로 만들어야 했을 정도였대.

그런데 그는 가족의 뜻을 어기고 새로 창설된 도미니코수도회에 가입했어. 당시 도미니코수도회는 이단으로 여겨진데다 청빈함과 고행을 통해 그리스도의 가르침을 전파하고, 동냥을 하며 살아가는 탁발 수도회였어. 다이어트라도 하고 싶었던 걸까? 아니면 가족에 대한 반항심 때문이었을까? 그의 형제들은 그를 납치해 가족의 성에서 밖으로 나오지 못하게 했고, 그를 시험하기 위해서 아름다운 여자들까지 그의 방으로 들여보냈어. 그러자 그는 불붙은 장작으로 여자들을 쫓아냈어. 감금된 상태에서도 그가 의지를 굽히지 않자 가족은 결국 그를 뜻대로 하게 내버려두었어.

토마스는 파리로 가 신학자 알베르투스 마그누스(Albertus Magnus, 1200?~1280)의 제자가 되었어. 독일 쾰른 출신인 스승을 따라 걸어서 쾰른까지 갔고, 3년 동안 알베르투스 마그누스 밑에서 배우면서 아리스토텔레스 철학을 접했어. 이로써 그가 평생 매달린 주제를 찾게 된 셈이지.[15]

그는 신학에 학문적 특징을 부여하려고 시도했고, 신앙과 이성의 조화를 찾으려고 했어. 그 두 가지는 신에게서 유래했기 때문에 서로 모순될 리가 없다고 생각했거든. 그가 오랜 연구 끝에 완성한 책이 《신학 대전》이었어. 고대의 이교도적인 철학과 기독교의 독단적인 이론을 종합한 방대한 저서였는데, 이성의 토대 위에서 수립한 신학 이론 체계였어.

뚱뚱했던 토마스는 군것질을 그만둘 순 없었나 봐. 49세에 누군가 건넨 독이 든 초콜릿을 먹고 죽었어. 그는 사망한 지 50년 뒤에서야 성인으로 추대되었어.

---

15   아리스토텔레스는 인간의 정신만큼이나 경험을 중시했다. 논리적이고 이성적인 탐구로도 신과 세계를 인식할 수 있다고 주장했지만, 중세 기독교 사회에서는 이를 이단시하는 경향이 강했다. 토마스 아퀴나스는 이런 아리스토텔레스의 사상에 감명을 받았고, 끊임없이 신에게 가는 서로 다른 두 가지인 이성과 신앙의 조화를 이루는 이론 체계를 찾고자 했다.

마이스터 에크하르트

Meister Eckhart

1260년~1327년

가장 중요한 순간은 현재다

에크하르트 폰 호흐하임은 독일 튀링겐 출신 기사의 아들로 태어났고, 15세에 도미니코 수도회에 들어가서 일반 교육을 받았어. 처음에는 쾰른에서 공부하다가 당시 서양에서 가장 유명한 파리대학으로 옮겨 공부했어.

신학을 공부해서 수사 학위를 받았고, 그 때문에 '마이스터 에크하르트'라는 이름을 얻게 되었어. 그는 죽을 때까지 단 두 가지 주제에만 관심을 쏟았는데, 바로 '신'과 '영혼'이라는 주제였어.

에크하르트는 영혼의 작은 불꽃을 찾고자 한 신비주의적 신학자였어. 그는 신과 영혼에 다가가는 데에는 두 가지 길이 있다고 기술했어.

- 인간은 세속적인 현실과는 작별을 고해야 하고, 모든 재산과 소유욕에서 벗어나야 한다. 그래야만 깊은 내면성과 자유와 힘을 얻게 된다.
- 인간은 모든 애착과 소망과 자기 의지를 포기해야 한다. 그래야만 아무것도 가지려 하지 않고, 아무것도 모르고, 아무것도 가지지 않은 정신의 가난에 도달할 수 있다.

이처럼 자기를 완전히 내려놓는 상태에서만 영혼의 작은 불꽃이 신적인 빛을 파악할 수 있다고 본 거야.

마이스터 에크하르트는 말년에 이단적인 내용을 설교했다는 이유로 종교재판에 넘겨졌는데, 유죄 판결을 받기 직전에 세상을 떠났어. 아마도 신이 먼저 그의 영혼을 거두어 갔나 봐.

니콜라우스 쿠사누스
Nicolaus Cusanus
1401년~1464년

신의 변호사

니콜라우스 쿠사누스는 독일 모젤 강변의 쿠에스(Kues)에서 가난한 어부의 재능 있는 아들로 태어났어. 이탈리아의 파도바에서 법학을 공부했고, 서품을 받지 않은 상태에서 트리어의 한 교구를 맡았을 정도로 똑똑했어. 바젤에서 열리던 가톨릭 종교 회의인 바젤 공의회[16]에 초대를 받아 토론에 참가했고, 이후 신의 변호사가 되었어. 그는 교회의 계약서를 쓰고, 화해 재판을 이끌었어. 또 독일의 수도원 생활을 개혁하려고 노력했는데, 도덕적 문란이 심각한 상태에 이르렀다고 생각해서였어. 수도원에서 기도는 하지 않고 진탕 먹고 마시고 간음하는 일이 비일비재하게 일어났거든. 니콜라우스는 인정사정없이 개혁을 단행했고, 자신의 뜻이 확고하고 진지하다는 사실을 모두에게 각인시키기 위해서 성직자 한 명을 라인 강에 빠트려 죽게 했어.

니콜라우스는 훗날 주교가 되고 교황의 사절이 되었고, 그 뒤에는 추기경에 올랐다가 이어서 교황 대리 역할을 했어. 그는 연구에 대한 욕구와 명예욕이 무척 강했어. 그래서 성직자와 종교개혁가로서 활동하면서 동시에 수많은 책을 쓰기도 했어. 그는 이슬람을 인정했

<hr />

16   교리 문제나 규율 등에 관한 문제를 협의하고 결정하기 위해 교황이 전 세계의 추기경, 주교, 신학자들을 불러 모아 하는 회의를 말한다.

고 이슬람 교리에도 관심을 가졌어. 달력을 개혁하는 일에도 가담했는데, 계획을 세우는 동안 중대한 실수를 저질렀던 것으로 보여. 그의 계산에 따르면, 1700년에서 1734년까지 죽은 자들이 부활해야 했거든.

니콜라우스 쿠사누스는 중세에서 근대로 넘어가는 과도기의 인물이었어. 지구가 움직인다고 확신했고, 신을 언어로 표현하기 위해서 수없이 노력했지만 그렇게 할 수 없었어. 그래서 결국 그것을 포기하는 대신에 아는 무지라는 새로운 개념을 만들었어. 인간은 신이 초월적이고 무한한 존재라는 사실은 알지만, 인간의 이성으로는 그러한 신의 본질을 온전하게 파악할 수 없다는 뜻이야.

인간의 유한한 인식에 지친 그는 63세에 생을 마감했어.

근대

1500년~2000년

인간은 중세가 계속된 1천 년 동안 기도하고, 금식하고, 두려워하면서 살았고, 한 발짝이라도 더 천국에 가까워지기를 고대했어. 교회가 그들에게 길을 보여주겠다고 약속했거든. 그런 교회가 권위를 잃게 되자 신자들 사이에서 새로운 자의식이 깨어나기 시작했어. 문학과 예술, 삶의 기쁨이 그들을 사로잡았어.

웃음은 인간에게 가장 좋은 것이다. 16세기 프랑스를 대표하는 작가 프랑수아 라블레(Francois Rabelais, 1494~1553)가 한 말이야.

하늘은 이제 유일신이 왕좌에 앉아 군림하는 곳이 아니라 수많은 별들이 타원형의 궤도를 그리며 순회하는 무한한 우주 공간으로 바뀌었어.

사람들은 이제 기도서를 읽지 않았고, 이탈리아 작가 보카치오가 쓴 《데카메론》에 나오는 연애 이야기를 더 좋아했어. 세르반테스의 돈키호테와 산초 판사가 새로운 주인공이 되었고, 교부들의 시대는 저물었어.

인간의 정신이 해방되기 시작한 이 시기에 근대가 탄생했어.

몽테뉴

Michel Eyquem de Montaigne

1533년~1592년

무엇을 그려야 할지 모르는데 물감이 무슨 소용인가

✦ 미셸 드 몽테뉴는 보르도(Bordeaux)의 부유한 상
인 가문에서 태어났어. 아무런 근심 걱정 없이
대저택에서 살았지만 그럼에도 불구하고 삶의 외적인
것을 그다지 중요하게 여기지 않았어. 그의 목표는 인
간의 교만과 자부심을 꺾고 무너뜨리는 것이었거든.

몽테뉴는 판사이자 시장이었고 고대 철학자들의 책
을 읽었어. 그런데도 이렇게 주장했어. 인간의 가장 치
명적인 병은 스스로 안다고 생각하는 것이다.

그는 프랑스의 탈레스로 불렸고, 니체는 언젠가 그를
훌륭한 유럽인이라고 칭했어. 하지만 몽테뉴는 알고 있
었어. 세상에서 가장 높은 왕좌에 앉아 있어도 그래봐
야 자신의 엉덩이로 앉아있을 뿐이라는 사실을 말이야.

가톨릭 신자이던 몽테뉴는 30년 동안 이어진 종교
전쟁과 내전을 비난했어. 독단적인 교리를 거부하고 관
용을 옹호했어. 그는 이렇게 말했어. 현재의 몰락에 우
리 모두가 각자의 몫을 거들었다.

몽테뉴는 인간은 만물의 영장이 아니라고 했고 동물

보다 우월하게 여기는 것을 비판했어. 몽테뉴의 대표적인 저서는 107장으로 구성된 《수상록》인데, 세계와 인간, 역사에 관한 비판과 성찰을 정해진 관점이나 체계 없이 감상문 형식으로 써내려간 책이야. 몽테뉴는 특히 중용의 미덕을 강조했고 다음과 같이 말했어. 인생은 선도 아니고 악도 아니다. 그것은 네가 어떻게 사느냐에 따라서 선도 되고 악도 된다.

인간의 영혼을 낱낱이 파헤치려고 한 몽테뉴는 59세에 자신의 성 안에 있는 예배당에서 미사를 올리다가 디프테리아[17]로 죽었어.

데카르트

René Descartes

1596년~1650년

나는 생각한다, 그러므로 나는 존재한다.

르네 데카르트는 근대 철학의 창시자야. 데카르트는 연구자이자 발명가였고, 수학자이고 자연과학자였어. 학생을 가르치기보다는 당대의 지식인을 위한 연구 활동에 전념했지.

그는 지구가 자전한다는 갈릴레이의 말을 믿었고 우주가 무한하다고 추측했어. 광학을 연구해서 빛의 굴절 법칙을 발견했고, 무지개의 수수께끼를 풀었으며, 사람의 눈에서 수정체가 하는 역할을 알아냈어. 수학에서도 뛰어난 업적을 남겼는데, 좌표를 발명해서 도형을 좌표에 의해 나타내고 연구하는 해석기하학의 발전에 기여했어. 우리가 수학 시간에 X축, Y축으로 나타내는 좌표를 데카르트 좌표라고 부르는 것도 그 때문이야.

데카르트는 프랑스 브르타뉴(Bretagne) 출신이었고, 예수회가 운영하는 학교를 다녔어. 아마 브르타뉴 시의원이던 아버지의 뒤를 잇기 위해서였을 거야. 그런데 아버지가 일찍 세상을 떠나자 그는 아버지의 유산으로 경제적 독립을 이룬 후에 파리로 이주했고, 거기서 마음껏 삶을 즐겼어. 하지만 얼마 지나지 않아 사교생활에 싫증을 느끼기 시작했어. 그는 은둔 생활에 들어갔고, 춤을 추거나 펜싱을 하고 말을 타는 대신에 수학과 철학 연구에 몰두했어.

하지만 그 시간은 오래 걸리지 않았어. 드넓은 세상이 다시 그를 유혹했거든. 그는 무보수 장교로 입대했다가 30년 전쟁이 시작되자 출정했고, 군인 여행자가 되어 유럽 곳곳을 돌아다녔어. 그중에서도 겨울 야영지에 있는 것을 가장 좋아했어. 그때는 눈이 내리고 땅이 얼어붙어서 전투가 중단되니까 철학적 사색에 몰두할 시간이 있었기 때문이야.

몇 년 뒤 데카르트는 군 복무에 적합하지 않다는 판정을 받았어. 그 뒤 민간인 신분으로 이탈리아와 스위스를 여행했고, 마지막에는 학문적 분위기가 자유롭던 네덜란드에 정착했어. 남은 생의 20년을 네덜란드에서 완전히 은둔해 살았는데, 원래 성격이 사람을 꺼려하고 부끄럼을 많이 탔다고 해. 그래서 조용하고 평화로운 분위기 속에서 자기 자신과 세상에 대한 사색에만 빠져 살았어.

그는 자기 자신을 연구하는 일에 전념하면서 아리스토텔레스 이후 다시 나오지 않은 철학의 새로운 체계를 수립하려고 했어. 철저한 새 출발을 원했고, 철학을 암흑에서 끄집어내기를 바랐어.

지금까지 확실한 것으로 여겨진 모든 것을 무너뜨리고 지금까지의 모든 진리에 의심을 품어야 한다고 생각했어. 그래서 정확한 수학적 방법론을 철학에 응용했고, 정신과 물질을 엄격하게 분리시켰어.

그 결과 데카르트는 인간을 뇌의 골윗샘[18]에 영혼이 있는 기계로 보았어. 데카르트의 이런 인간상은 인공 지능과 로봇의 시대인 오늘날에 더 와닿을지도 모르겠어.

그는 동물이 물리적 법칙에 의해서만 움직이는 자동기계라고 했어. 동물에게는 영혼이 없으니 감정도 의식도 없다고 여긴 거야. 당연히 생각도 할 수가 없고 태엽을 감으면 움직이는 시계처럼 작동한다고 했어. 하지만 이런 가정은 그가 한 편지에 인용한 다음의 문장과는 맞지 않았어. 미개인들은 원숭이들이 마음만 먹으면 말을 할 수 있지만 강제로 일을 시킬까 봐 일부러 말을 하지 않는다고 주장한다.

데카르트는 생각했어. 인생은 한낱 꿈에 불과한 걸까? 내 감각이 나를 현혹시키는 걸까? 물질은 항상 새로운 형태를 취하지 않던가! 예를 들어 꿀벌이 분비하

---

18 좌우 뇌의 반구 사이 셋째 뇌실의 뒷부분에 있는 솔방울 모양의 내분비 기관을 말함.

는 밀랍은 단단하지만 따뜻하게 하면 녹아서 상태가 변한다. 그렇다면 무엇이 진짜 밀랍일까?

그는 물질은 우리를 현혹시킬 수 있지만 우리의 생각과 정신은 반박할 수 없이 명백하다고 믿었어. 세상 모든 것에 대해서는 의심할 수 있지만 의심하고 있는 자기 자신만큼은 분명했으니까 말이야. 거기서 그의 유명한 명제가 나왔어. 나는 생각한다, 그러므로 나는 존재한다. 나는 의심한다, 그러므로 나는 존재한다. 그 어떤 회의론자도 이 분명한 사실을 뒤집을 수 있는 논거는 없었어.

인간은 데카르트 덕분에 자기 자신을 인식하는 자아의 자율성을 얻었고, 생각하는 것 속에서 자기 자신을 발견했어. 그래서 유물론자인 데카르트는 스스로를 생각하는 사물이라고 불렀어.

50세까지 독신으로 살았던 데카르트는 말년에 한 가지 실수를 저질렀어. 철학에 관심이 많은 스웨덴의 크리스티나 여왕에게 자신도 잘 모르는 사랑에 관한 소논문을 써서 보낸 거야. 그 때문에 여왕이 데카르트를 개인 교사로 초청했고, 매일 아침 새벽 5시에 그와 철학에 관한 이야기를 나누었어. 데카르트는 원래 정오까지 침대에 머물며 하루에 10~12시간 잠을 자는 생활에 익숙한 사람이었어. 그런데 여왕과의 대화를 위해서 꼭두새벽부터 일어나야 했기 때문에 항상 잠이 부족한데다, 북유럽의 추운 날씨에 적응하지 못했어. 결국 그는 얼마 지나지 않아 곰들이 사는 추운 북쪽 땅에서 숨을 거두고 말았어.

파스칼
Blaise Pascal

1623년~1662년

인간은 끝없이 위대할까, 끝없이 하찮을까?

블레즈 파스칼은 의무교육이 없던 시대에 태어나서 다행이었어. 뛰어난 재능을 타고난 소년 파스칼이 학교에 다녀야 했다면 지루해서 죽을 지경이었을 거야. 세금 징수원이었던 아버지는 그에게 읽기와 쓰기를 가르쳤고, 당연히 산술도 가르쳤어. 파스칼은 그 정도 교육만으로도 수학과 자연과학에 충분히 관심을 가지게 되었어.

12세에 벌써 바닥에 삼각형과 원을 그려 놓고 혼자서 유클리드 기하학을 연구했고, 16세에는 원뿔곡선에 관한 논문을 써서 수학자들에게 주목을 받았어. 19세에는 아버지의 세금 계산을 도우려고 계산기를 발명했고, 확률 계산에서 중요한 룰렛 게임 이론을 발전시켰어.

그는 진공에 관한 문제와 공기의 압력에 관해서도 연구했는데, 현재 우리가 사용하는 압력의 국제단위는 파스칼이고 기압의 단위는 헥토파스칼로 불리고 있어. 그 밖에도 파리 시내를 오가는 최초의 근거리 교통수단으로 저렴한 승합 마차 운행 체계를 개발하기도 했어.

그러던 중 파스칼은 목숨이 위태로울 정도로 심각한 마차 사고를 당했어. 이 사고를 계기로 그의 삶은 완전히 성인의 삶으로 바뀌었어. 충치로 인한 치통, 극심한

통증, 불면증, 머리가 깨질 듯한 두통 등 온갖 고통을 불평 없이 참고 견뎠어. 신이 자신을 시험하는 거라고 확신했거든. 심지어는 병을 앓는 것이 유일하게 기독교인과 어울리는 상태라고 믿었어. 그래서 다시 건강해지는 것을 두려워하기까지 했어.

파스칼은 결국 철학으로 방향을 돌렸고, 인간과 세계의 근본을 밝히는 일에 전념했어. 그 결과 무한한 우주의 본질을 파악할 수는 없다고 확신했어. 인간의 사고는 무한함 속에서 자신을 잃어버리는 것으로 끝나기 때문이라면서 말이야.

그는 아주 작은 원자도 나누어질 수 있는데, 원자 내부에는 우주의 무한성이 감추어져 있다고 했어. 또 인간은 결코 사물의 본질을 파악할 수 없고, 모든 것은 꿰뚫어볼 수 없는 비밀 속에 감추어져 있다고도 했어.

파스칼은 과연 인간이 의지하고 기댈 수 있는 것이 무엇인지 물었어. 그러고는 거기에 대해 이렇게 대답했어. 인간의 모든 존엄성은 사고 능력에 있다.

하지만 파스칼은 동시에 인간이 자기 자신에 대해 깊이 생각하는 것을 두려워한다는 사실도 알고 있었어. 혼자 있는 것에 대한 두려움, 자기 존재의 하찮음과 비참함을 정면으로 마주보는 것에 대한 두려움 때문에 말이야. 인간은 그런 깊은 생각에서 벗어나려고 끊임없이 뭔가 오락거리를 찾고, 놀이나 사냥을 즐겨. 그래서 파스칼은 이런 말을 했어.

세상의 모든 불행은 인간이 혼자 조용히 방 안에 있을 줄 모르는 데에서 온다.

결국 그는 인간에 대해 다음과 같은 결론을 내렸어.

인간은 모순적인 존재다. 얼마나 괴물 같고, 또 얼마나 경이로운 존재인가. 모든 것의 심판자이면서도 하찮은 흙 속의 지렁이에 불과하고, 진리를 다스리는 자이면서도 온갖 오류의 시궁창이며, 우주의 영광이자 쓰레기다.

파스칼은 나중에 수도원에 들어가 생활하면서 이렇게 썼어. 신을 믿지 않는 인간은 모든 것에 대한 불확실 속에서 살아간다.

그러면서도 종교적 광신주의에서 비롯되는 위험성에 대한 경고도 잊지 않았어. 인간은 종교적 확신을 가질 때 가장 완벽하고 즐겁게 악행을 저지른다.

파스칼은 수도원의 그림 한 점 걸리지 않은 작은 방

에서 못이 박힌 허리띠를 맨몸에 두른 채 금식을 하며 살다가 39세에 세상을 떠났어. 이성의 마지막 단계는 이성을 넘어서는 것이 무수히 많다는 사실을 인정하는 것이다.

파스칼이 죽은 뒤 그의 웃옷 안감에 넣어 꿰매놓은 쪽지를 발견했는데, 거기에는 그가 마차 사고를 통해 체험한 것이 적혀 있었대. 정열, 확신, 감각, 기쁨, 평화. 신을 제외하고는 세상과 모든 것을 잊어라.

니체는 파스칼에 대해 이렇게 썼어.

"내가 거의 사랑하다시피 하는 파스칼은 나에게 무수히 많은 것을 가르쳐준 유일하게 논리적인 기독교인이다."

스피노자

Spinoza

1634년~1677년

세상에서 가장 미움 받은 철학자

바뤼흐 스피노자는 네덜란드의 수도 암스테르담(Amsterdam)에서 태어났어. 그의 집안은 유대계로 종교 재판을 피해 스페인에서 도주해 네덜란드에 정착했어.

스피노자는 지식욕이 강하고 똑똑했고, 사람들에게 높은 평가를 받았어. 그러다가 구약 성경을 연구하면서 역사상에 맞지 않는 불합리한 점들을 인식했고, 그런 점들에 대해 비판적으로 발언하기 시작했어. 유대교 공동체는 유대교의 교리를 비판하는 스피노자에 경악했어. 그들은 스피노자를 감시했고, 그런 발언을 하지 않는다면 그 대가로 매년 상당한 액수의 연금을 주겠다고 제안했어. 하지만 스피노자는 그 제안을 거부했어. 그러자 그들은 그를 살해하기로 결정했고, 암살 시도가 실패로 돌아가자 영원한 저주와 함께 그를 유대 교회에서 파문했어.

"이제부터 아무도 그와 가까이 지내서는 안 되고, 그를 도와주거나 그가 쓴 글을 읽어서도 안 되며, 그와 같은 지붕 아래 기거해도 안 된다. 신께서도 그를 결코 용서하지 않을 것이며 그의 이름을 지워버릴 것이다."

스피노자는 유대 교회의 파문을 매우 의연하게 받아들이고 철학으로 방향을 돌렸어.

나는 누구나 각자의 본성에 따라 살아가게 내버려 둔다. 또한 원하는 사람은 자신의 행복을 위해 죽는다고 해도 상관없다. 내가 오직 진리를 위해 살 수만 있다면.

스피노자는 완전한 의견의 자유를 요구했고, 국가의 과제는 종교적, 정치적 신념의 자유를 지키는 것이라고 했어. 하지만 스피노자가 살던 시대는 관용이 없는 배타적인 시대였기 때문에 그런 주장은 권력자들의 마음에 들지 않았어. 누구든지 감히 당시 통용되는 시대정신을 공개적으로 반대하는 건 용납할 수 없는 일이었거든. "이 쓰레기 철학자의 말은 도저히 믿을 수 없다. 노상강도이자 건전한 이성과 학문을 죽이는 살인자. 타락한 골수 유대인에 완전한 무신론자. 참을 수 없는 인간." 등 스피노자를 향한 비난의 말들은 끝이 없었어.

당시 사람들은 그리스도가 신의 아들이 아니라 지상에서 살았던 역사상 가장 위대하고 고귀한 인간이라는 그의 주장을 도저히 받아들이려 하지 않았어.

하지만 스피노자는 신앙심이 깊은 사람이었고, 세상모든 것에 신이 깃들어 있다고 믿는 범신론자였어. 그에게 신과 자연은 이름만 다를 뿐 동일한 존재였고, 인격화된 신은 받아들이지 않았어. 그래서 스피노자는 기독교인들이 믿는 죽음 뒤의 영생을 믿지 않았고, 기껏해야 신과의 더 강한 일체감이 있을 뿐이라고 했지.

스피노자는 《성경》을 비유와 우화가 가득한 놀라운 책으로 여겼어. 하지만 성경의 내용을 글자 그대로 받아들여서는 안 된다고 했는데, 그러한 내용 뒤에는 더 깊은 다른 진리가 감추어져 있기 때문이라고 했어.

그는 민주주의를 자연스러운 국가 형태로 여겼지만 기존의 정부에 반대하는 혁명을 허용하지는 않았어. 또 인간은 공포의 억압에서 해방되어야 한다고 하면서 이렇게 말했어.

자유로운 인간의 지혜는 죽음이 아닌 삶에 대해 깊이 생각하는 것이다. 우리는 우리 자신이 전체 자연의 일부에 불과하다는 사실을 깨달을 때 자유로워진다.

그는 인간이 범하는 모든 죄는 무지에서 비롯되는데, 자기가 무슨 짓을 하는지 모르기 때문이라는 거야. 또 증오는 또 다른 증오로 더 커지는 반면 사랑으로는 증오를 없앨 수 있다고 했어.

스피노자가 쓴 신학과 철학 논문은 읽는 게 금지되었어. 신을 모독하고 영혼을 파멸시키는 문서로, 터무니없고 위험한 생각과 만행으로 가득 차 있다고 여겨졌거든. 그 논문을 책으로 출간하려는 출판업자에게는 8년 동안 감옥에 가두고 3천 굴덴[19]의 벌금을 물리겠다는 위협이 가해졌어.

그렇다면 자신을 향한 세상의 증오에 대해 스피노자는 어떻게 반응했을까? 그는 아무 말도 하지 않고 계속 집필 활동에 매진했어. 광학 렌즈를 깎는 일로 생계를 유지했는데, 스피노자가 이 직업을 가질 수 있었던 것은 학자들도 한 가지 수공업을 익혀야 한다고 가르친 유대교의 전통 덕분이었어.

그런데 완전한 의견의 자유를 위해 투쟁한 스피노자가 인간의 자유의지[20]를 인정하지 않았다는 점은 이상하다는 생각이 들어. 그는 모든 것은 필연적으로 정신의 영역에서 미리 정해져 있다고 했거든.

19   네덜란드에서 통용된 옛날 화폐 단위.

20   외부의 제약이나 구속을 받지 아니하고 어떤 목적을 스스로 세우고 실행할 수 있는 인간의 의지.

심지어는 물리적인 세계에서도 우연히 일어나는 일은 없다고 했어. 어떤 일이 실제로 일어난 것과 다르게 일어날 수도 있다는 가능성은 논리적으로 불가능하다고 여겼거든.

　그렇게 생각하니까 당연히 죽음에 대해서도 두려워하지 않았고, 마지막 숨을 거두기 직전까지 친구들과 활발하게 이야기를 나누었다고 해. 스피노자는 43세에 폐결핵으로 죽었어.

라이프니츠
Gottfried Wilhelm Leibniz
1646년~1716년

책을 빌려주지 않는 사서

고트프리트 빌헬름 폰 라이프니츠는 도덕 철학을 가르치던 교수의 아들로 태어났어. 파스칼처럼 어려서부터 다방면에 탁월한 재능을 보인 영재였어. 8세에 독학으로 라틴어를 배웠고, 15세에 대학에 입학해 20세에 법학 박사 과정을 마쳤어. 21세에 이미 교수직을 제안받았지만 아버지처럼 교직에 몸담고 싶지 않아서 거부했다고 해. 30세에는 미적분을 발견했는데, 비슷한 시기에 미적분을 발견한 뉴턴과 누가 먼저였는지를 놓고 우선권 분쟁이 발생했어. 당시 영국 왕립 협회는 뉴턴의 손을 들어주어 라이프니츠에게 상처를 주었는데, 뉴턴이 왕립협회장이었기 때문에 공정한 논쟁이 이루어질 수가 없는 상황이었어. 하지만 오늘날에는 미적분이 뉴턴과 라이프니츠 두 사람에 의해 서로 독립적으로 발견되었다는 사실이 정설로 인정되고 있어.

라이프니츠는 나중에 하노버와 볼펜뷔텔 궁정의 도서관 사서가 되어 거의 40년을 근무했어. 다방면으로 박식했던 그가 안정적인 수입이 보장된 상태에서 연구와 집필 활동에 몰두하기에는 더없이 좋은 자리였지. 그는 세계 평화를 갈망했고, 신교와 구교를 재통합시키기 위해서 노력했어. 또 새로운 아카데미를 설립하기 위한 계획을 추진했고, 수학, 물리학, 역학, 지질학, 광물학, 역사학을 연구했어. 그처럼 늘 연구에 몰두해서 살다 보니까 누군가 책을 빌리려고 도서관에 찾아오면 화가 났대. 자신이 하는 일에 방해가 된다고 느꼈기 때문이었어.

라이프니츠는 철학사에 길이 남을 유명한 책을 썼는데, 누구나 그 내용을 인용하지만 제대로 이해하는 사람은 많지 않아. 우주가 아주 작고, 창이 없는 무수한 모나드(monad, 단자)로 구성되었다는 《모나드론》이라는 책이야. 모나드는 그리스어로 숫자 '1'이나 '단위'를 뜻하는 모나스(monas)라는 말에서 왔어. 모양이나 넓이가 없고 분할할 수도 없는 독립적인 개체를 말해. 각각 내적인 법칙에 따라서 자율적으로 발전하지만 서로에게 영향을 주거나 상호 인과 관계가 없기 때문에 창이 없다고 하는 거야. 모나드에는 물질적인 모나드와 영혼과 이성이 있는 정신적인 모나드가 있어. 물질은 벌거벗은 모나드, 또는 잠자는 모나드로 구성되었고, 인간에게는 다른 모나드를 지배하는 중심 모나드가 있어. 신은 최고의 모나드, 또는 근원 모나드로서 모든 모나드는 신의 뜻에 의해서만 창조되고 소멸돼.

라이프니츠는 우주가 저마다 독립적이고 서로 아무

런 인과 관계가 없는 무수한 모나드로 이루어졌지만, 그럼에도 불구하고 우주에는 질서와 법칙이 존재한다고 했어. 그것은 최고의 모나드인 신이 처음부터 모든 모나드의 본성이 조화롭게 일치할 수 있도록 창조했기 때문인데, 이러한 사상을 미리 정해진 조화라고 해서 예정조화라고 했어. 하지만 철학자 헤겔은 모나드론을 비판하면서 이를 형이상학적 소설이라고 칭했지.

말년까지 궁정 도서관 사서를 지내던 라이프니츠는 70세에 세상을 떠났고, 별도의 추모 행사 없이 조용히 눈을 감았어.

볼테르
Voltaire
1694년~1778년

인간의 정신은 자유로워야 한다

프랑스의 대표적인 사상가 볼테르는 본명이 프 랑수아 마리 아루에였고, 아버지는 법률가이자 파리 최고 재정법원의 공증인이었어. 그러니 아버지의 뜻에 따라 법학을 공부하게 된 것은 어찌 보면 당연한 일이었지. 하지만 볼테르는 문학적 재능이 남달랐고, 세 상과 신을 풍자하는 시와 희곡을 쓰는 것을 더 좋아했 어. 그런데 교회와 프랑스 당국이 그가 쓴 글들에 주목 했어. 그의 작품은 읽는 게 금지되었고, 파렴치하고 반 종교적인 글로 낙인찍혀 불태워졌어. 볼테르는 몇 개월 동안 바스티유 감옥에 갇혀 있어야 했어. 다행히 그곳 에서 만난 관리소장은 그를 작가로서는 물론이고 대화 상대자로도 높이 평가했고, 그를 초대해 함께 식사하는 것을 무척 좋아했다고 해.

프랑스를 떠난다는 조건으로 감옥에서 풀려난 볼테 르는 영국으로 갔고, 자유로운 영국 사회에 깊은 인상 을 받았어. 프랑스와는 달리 영국에서는 종교가 개인적 인 문제였고, 왕과 귀족의 권력도 제한을 받았거든. 볼 테르는 영국의 의회 체제가 국가의 자의적인 권력으로 부터 시민을 보호해 준다고 생각했어.

볼테르의 삶에 영향을 준 철학적 문제들은 영국의 자 유로운 분위기에서 더욱 견고해진 비판 정신에서 출발

했어. 볼테르는 기독교의 독단적인 교리를 반대했고, 수 많은 사람을 죽음으로 내몬 광신주의와 결합된 교회의 절대 권력을 비판했어. 그러면서도 다른 한편으로는 신 앙의 이점을 강조하면서 이렇게 말했어.

신이 존재하지 않았다면 신을 만들어냈어야 했을 것 이다.

볼테르는 당시 프랑스 사회를 비판하면서 모든 시민 이 법 앞에서 평등해야 한다고 주장했어. 사상의 자유 와 관용, 평화를 옹호했고, 억압과 불의에 맞서 싸웠어. 또 군주의 권력이 헌법에 의해 일정 정도 제약을 받는 영국식 입헌 군주제를 굳게 믿었어.

프랑스 당국과 교회의 적대감에도 불구하고 볼테르 의 명성은 높아졌어. 그는 베스트셀러 작가였고, 역사상 최초의 직업 작가였어. 그가 쓴 소설들은 계속해서 새 로 출판되고 다른 나라 언어로도 번역되고, 희곡은 관 객들의 열광적인 환호를 받으며 공연되었어. 그는 모두 50편이 넘는 희곡을 써서 라신(Jean Facine, 1639~1699)과 코르네유(Pierre Corneille, 1606~1684)를 잇는 대표적인 극 작가로 갈채를 받았어.

문학 작품 이외에도 여러 권으로 된 프랑스의 역사책을 썼는데, 최초의 문화사라고 할 수 있는 책이었어. 또 다른 철학자 디드로(Denis Didrot, 1713~1784)와는 인류 최초의 백과사전을 집필하는 일에도 참가했어. 볼테르는 매일 18시간 동안 작업을 했다는데, 너무 집중적이고 빠른 속도로 진술해서 그의 비서들이 미처 받아쓰지 못할 정도였대.

볼테르는 자신을 높이 평가하고 자신과 정신적으로 교류하기를 원하는 당시의 위인들과 활발하게 편지를 주고받았어. 지금까지 전해진 편지가 2만 통이 넘고, 다루지 않은 주제가 없을 정도였어. 그는 18세기의 가장 유명한 남자였기 때문에 그 시대를 '볼테르 시대'로 부르기도 해. 니체는 그를 인류의 가장 위대한 해방자라고 불렀어.

그는 문학 작품으로 벌어들이는 인세와 국왕의 금고에서 지급되는 연금으로 풍족한 삶을 살았어. 그런데 그것만으로는 부족했는지 주식에 투자했고, 노련한 부동산 중개인 역할도 했고, 높은 이자를 받고 돈을 빌려주는 일도 했어. 군에 군수 물자를 공급했고, 노예 매매를 하는 선박 회사에 투자해서 돈을 벌기도 했어. 노예 매매에 대해서는 특별히 나쁘게 생각하지 않았던 것으로 보이는데, 그는 백인 남자의 자유를 위해서만 싸웠기 때문이야. 그에게도 흑인은 인간과 동물 사이의 연결 고리로만 여겨졌거든.

그는 막대한 수입 덕분에 저택 여러 채와 포도밭, 대농장, 화랑, 도서관, 여러 대의 마차가 있는 공원을 갖고 있었고, 160명의 하인들과 비서, 개인 극장과 교회까지 딸린 성에서 살았어.

갑부가 된 그는 상당히 많은 돈을 기부했고, 도움이 필요한 사람들에게 자선을 베풀었어. 농노제에 반대했고, 젊은 작가들을 후원했으며, 일꾼들이 자립해서 살 수 있도록 집과 재산을 마련해주었어.

프랑스 혁명이 일어나기 30년 전 볼테르는 마치 혁명을 예견하듯이 이렇게 썼어.

나는 주변에서 일어나는 모든 일에서 혁명의 씨앗이 놓여 있음을 본다. 혁명은 틀림없이 일어날 테지만 나는 그 혁명의 목격자가 되지는 못할 것이다.

볼테르의 유골은 현재 프랑스를 대표하는 위인들이 묻힌 파리의 판테온에 안치되어 있어. 그의 관에는 이런 글이 적혀 있어.

"그는 시인이자 역사가, 철학자로서 인간의 정신을 더욱 위대하게 만들었고, 인간의 정신은 자유로워야 한다고 가르쳤다."

루소
Jean-Jacques Rousseau
1712년-1778년

자연으로 돌아가라

장 자크 루소는 어떤 사람이었을까? 아버지는 콘스탄티노플에 있는 술탄의 궁전에서 일하던 시계공이었고, 목사의 딸이었던 어머니는 그가 태어나고 얼마 지나지 않아서 세상을 떠났어.

심성이 불안정하고 변덕스러운 루소는 청년기를 방황하며 보냈어. 학교는 중간에 그만두었고, 그에게 기술을 가르치던 사람들은 그를 쫓아냈어. 그는 음악 교사, 집사, 비서, 가정교사 등 여러 직업을 전전하며 떠돌았고, 악보를 쓰고, 지휘를 한 적도 있었어. 심지어는 베르시유 궁전에서 공연된 작품을 쓰기도 했어. 하지만 그는 저명한 사람들과 어울리는 것이 불편했고, 무슨 일이든 지속적으로 하는 게 힘들었어. 스위스, 이탈리아, 프랑스를 떠돌아다니며 살았고, 마음이 내키는 대로 숙소를 옮기고 종교를 바꿨어. 거짓말을 하고, 남을 속이고, 게으름을 피우며 빈둥거렸고, 그날 벌어서 그날 먹고 사는 삶이 반복됐어.

그러던 1750년, 디종 아카데미가 최고의 논문을 뽑기 위한 학술 공모전을 열었어. 공모전의 논문 주제는 다음과 같았어. 예술과 학문의 발전이 인류에게 행복을 가져다주었는가?

디드로는 당시 무명이던 루소에게 논문 현상에 응모하라고 권유했고, 그 질문에 그렇지 않다고 대답해서 세상의 주목을 끌라고 했어. 루소는 디드로의 권고를 따라서 이렇게 썼어. 전능하신 신이여, 우리 아버지들의 지식에서 우리를 구원하셔서 우리에게 순진무구와 가난을 돌려주소서.

이 논문으로 38세의 스위스 태생 루소는 하룻밤 사이에 유명세를 탔지. 세련되고 풍족한 삶에 싫증난 퇴폐적인 프랑스 사교계는 거칠고 다듬어지지 않은 언어를 구사하는 루소에게 매혹당했어. 루소는 털모자에 고대 로마인들이 입던 단출한 옷을 걸치고 다녔고, 볼테르와 계몽주의에 반대하며 믿을 수 없는 주장을 펼쳤어.

감정이 이성보다 더 중요하다. 지금까지의 모든 발전은 환상이고, 문명인이 아닌 미개인이 진정한 인간이다.

그러자 파리의 공원에는 갑자기 비단 목줄을 건 분홍빛 새끼 양을 데리고 다니는 귀족들이 등장했어. 그들은 새로 만든 풍차들과 인위적으로 조성한 원시림이 있는 공원을 산책했어.

루이 15세는 당시 루소의 영향으로 자연으로 돌아가리는 유행어를 따르다가 목숨까지 잃었어. 왕은 어느 날 소를 방목하던 젊은 아가씨가 꽃을 따는 모습을 보고 반해 그 아가씨를 식사에 초대했어. 그런데 그 아가씨는 다음 날 천연두로 죽었고, 얼마 지나지 않아 루이 15세도 천연두에 걸려 세상을 떠났어.

루소는 인간은 원래 선하다고 확신했어. 그런데 사회가 세상을 악하게 하고, 소유와 사유재산이 인류를 계급으로 나눈다고 보았어. 그래서 자유를 희생하는 한이 있더라도 평등을 원했어. 프랑스 혁명 당시 철저한 도덕주의로 무장한 로베스피에르(Robespierre, 1758~1794)는 루소의 이런 생각을 받아들여 사유재산을 몰수해 국유화했고, 의견이 다른 사람들을 단두대로 보내 처형시켰어. 러시아의 공산주의 혁명과 독일의 히틀러도 루소의 사상에 영향을 받았어.

루소는 병적으로 자기중심적인 사람이었어. 나를 보고 열광하지 않는 사람은 나와 어울릴 만한 가치가 없다. 그러니 그와 함께 있는 것을 오랫동안 견딜 수 있는 사람이 거의 없었어. 한 사람만은 예외였는데, 파리의 한 호텔에서 객실을 청소하던 테레즈라는 하녀였어. 그녀는 탐욕스럽고 인색할 뿐만 아니라 얼굴도 못생겼고,

글을 읽고 쓸줄 모르는데다가 음주벽까지 있었어. 루소와 그녀 사이에는 자식이 다섯 명 태어났는데, 그때마다 그들은 갓 태어난 아이를 보육원에 보냈어. 아이를 키우려면 돈이 많이 들고 너무 시끄럽다는 것이 이유였어.

도저히 믿을 수 없는 이런 행동은 그가 쓴 책의 내용과는 완전히 모순되었어. 소설 형식으로 쓴 유명한 책 《에밀》은 모든 아이가 가지고 있는 좋은 재능을 가장 바람직한 방향으로 키워나가는 과정을 묘사한 이상적인 교육론을 담고 있었거든. 그는 순수하고 때 묻지 않은 자연 상태인 아이들을 사회의 나쁜 영향에 물들지 않게 하면서 자연과 사회와 더불어 살 수 있도록 교육하라고 했어. 근대 교육의 아버지라고 불리는 페스탈로치(Pestalozzi, 1746~1827)도 루소의 이런 사상에 깊은 영향을 받았어.

루소의 모든 소원이 이루어졌다면 세상은 지금과는 다른 모습이었을 거야. 학문과 도덕이 서로 조화롭게 양립할 수 없다고 생각했거든. 천문학은 미신에서 유래했고, 기하학은 인색함에서, 물리학은 쓸데없는 호기심에서 생겼다고 했어. 교양과 인쇄술도 달갑지 않다고 했지.

루소는 스스로 목숨을 끊었고, 지금은 프랑스 파리에
있는 사원인 판테온에서 볼테르 옆에 잠들어 있어.

흄
David Hume
1711년~1776년

형이상학은 환상이다

✦✦ 스코틀랜드 출신의 철학자 데이비드 흄은 영국의 가장 위대한 철학자 중 한 사람으로 꼽혀. 당시 한 동향인은 흄을 다음과 같이 묘사했어. "이렇게 이상한 사람에게 지혜가 깃들어 있었던 적은 결코 없었다. 그의 눈은 멍했고, 얼굴은 어리석어 보였으며, 배는 어마어마하게 나왔다."

흄은 28세에 인간의 본성에 관한 첫 철학 저서를 발표했어. 이 책으로 세계적으로 인정받기를 고대했지만 제대로 빛도 못 보고 실패하고 말았어.

그는 이 실패를 자신의 무능함 때문으로 여기고 크게 실망했어. 생활이 궁핍해진 그는 정신병이 있는 어느 후작의 가정교사로 들어갔지만 1년 만에 해고되었고, 이어서 어느 장군의 비서가 되었어. 나중에는 에든버러에 있는 한 도서관에서 일하게 되었고, 여기서 여러 권으로 이루어진 영국 역사서를 완성했어. 이 책이 크게 성공한 덕분에 흄은 부와 명성을 얻었고, 남은 생을 친구들과 철학을 논하며 살 수 있게 되었어. 그는 요리 솜씨가 매우 뛰어났기 때문에 찾아오는 친구들이 많았다고 해.

흄은 경험주의자였어. 그래서 모든 형이상학을 사이비 학문으로 여기면서 이렇게 썼어.

신학이나 형이상학 책 중 아무거나 골라 한번 살펴보자. 그것은 양이나 수에 관한 이론적 분석을 담고 있나? 그렇지 않다. 경험적 사실들에 관한 실험적 연구를 포함하고 있나? 그렇지 않다. 그렇다면 그 책을 불 속에 집어 던져라. 왜냐하면 거기에는 단지 궤변과 환상만 담겨 있을 것이기 때문이다.

흄이 내린 결론은 지성이나 사고 또는 이성으로는 세계를 이해할 수 없다는 것이었어. 인간은 단지 보고, 듣고, 느끼고, 미워하고, 사랑하는 감각적 경험을 통해서 진리를 깨닫게 될 뿐이라고 했어.

그는 이성적이고 합리적인 신앙은 불가능하다고 했어. 그와 함께 인간의 정신과 이성에 절대적인 가치를 두었던 계몽주의 시대도 저물어갔어.

칸트
Immanuel Kant

1724년~1804년

우리는 물자체를 인식하지 못하고
현상으로서의 사물만 인식할 뿐이다

비판 철학을 탄생시킨 이마누엘 칸트는 말의 안장을 만드는 기술자의 넷째 아들로 태어났어. 자신이 태어난 독일 북부의 쾨니히스베르크(Königsberg)에서 평생 살았고, 그곳에서 철학을 근본적으로 변화시켰어. 세상 사람들에게는 자신을 둘러싼 여러 가지 일화를 선사하기도 했어.

칸트는 고루하고 세상 물정을 모르는 철학 교수의 상징과도 같은 인물이었어. 학창 시절에는 재미난 이야기도 곧잘 했다는데 그 자신은 그런 이야기를 하면서도 웃지는 않았대.

그는 정확함과 꼼꼼함의 대명사였어. 하인에게 매일 새벽 4시 45분에 자신을 깨우게 했고, 자신이 일어날 때까지 침대 옆에 서 있으라고 했어. 밤이면 정각 10시에 잠자리에 들었어.

한번은 어떤 귀족이 그를 마차 여행에 초대해 시골에 갔다가 밤 10시가 지나서야 돌아왔어. 그래서 그 뒤로는 죽을 때까지 다시는 마차를 탄 적이 없었대. 저녁에 그가 친구를 만났다가 집으로 돌아가는 시간은 정각 7시였어. 이웃들은 매사에 정확한 그의 일과에 따라서 시계 바늘을 맞출 정도였지.

칸트는 평생 두 번 이사를 했어. 한 번은 시끄럽게 울

어대는 이웃집의 수탉 때문이었고, 다른 한 번은 하필 이사한 곳이 감옥 옆이었는데, 죄수들이 죄를 뉘우치며 크게 부르는 찬송가 소리 때문이었어.

집 안에 있는 의자가 평소 있던 곳에 없거나 펜이 종이 위에 정확하게 직각으로 놓여 있지 않으면 불안해서 일을 시작하지 못했어.

칸트는 평생 두 번 결혼을 생각한 적이 있었어. 하지만 결정을 내리기까지 너무 신중하고 오랫동안 생각하는 바람에 한 여자는 떠나버렸고, 또 한 여자는 다른 사람과 결혼해버렸어. 그러자 그는 스스로를 이렇게 위로했어. 결혼하지 않은 남자가 결혼한 남자보다 더 오랫동안 젊음을 유지한다. 결혼한 남자들의 딱딱하고 찡그린 표정은 그동안 견뎌야 했던 멍에를 드러낸다.

칸트는 우주의 생성에 관한 자연사를 쓴 적이 있었지만, 자신의 침대에 사는 빈대는 햇살을 타고 창문으로 미끄러져 들어왔다고 믿었어.

칸트에게는 수십 년 동안 그를 충실하게 돌보던 람페라는 하인이 있었어. 람페는 주인의 엄격한 일과를 한 치도 어긋나지 않게 보조해야 하는 일로 스트레스가 심해서 술을 자주 마셨어. 칸트는 어쩔 수 없이 그를 해고했지만 그의 빈자리가 무척 아쉬웠지. 그래서 더 이상 그를 생각하지 않으려고 람페를 잊어야 한다는 쪽지까지 써놓을 정도였어.

학업을 마친 칸트는 가정교사를 하면서 힘들게 생계를 꾸려가야 했고, 박사 학위를 받고 교수 자격을 얻은 뒤에도 오랫동안 시간강사로 지내야 했어. 그는 강의에 매우 충실했고, 구체적이고 생생하게 설명했기 때문에 인기가 높았어. 반면에 칸트가 쓴 글은 시인 하인리히 하이네(Heinrich Heine, 1797~1856)에 따르면 단조롭고 메마른 포장지 같았어.

칸트는 일주일에 20시간을 강의했는데, 그가 가르친 분야는 도덕 철학, 자연 신학, 수학, 물리학, 역학, 지리학, 인류학, 교육학과 자연법이었어. 거의 모든 분야에 관심을 가진 듯했지만, 대학에서 교수 자리를 제안한 문학에 대해서만큼은 예외였어.

칸트는 46세에 드디어 고대하던 논리학과 형이상학 교수가 되었어. 그리고 생활이 안정되면서 철학의 혁명을 시작할 수 있었어. 그는 이렇게 썼어.

사페레 아우데(Sapere aude). 로마 시인 호라티우스의 시에서 인용한 말인데, 글자 그대로 풀이하자면 감히 알려고 하라는 뜻이야. 이어서 그것과 거의 같은 의미를 담고 있는 계몽주의의 모토를 말했어. 너 자신의 오성[21]을 사용할 용기를 가져라! 칸트는 인간에게는 스스로 생각하고 판단할 수 있는 분별력이 있다고 했어. 그런데도 그것을 사용하지 못하고 남이 인도하는 대로 살아가는 미성숙한 상태에 있다는 거야. 그러니 자기 스스로 생각하고 알려고 하는 용기를 내서 그런 미성숙한 상태에서 벗어나야 한다고 했어.

칸트는 자신이 좋아하는 형이상학에 전념했어. 형이상학은 사물이나 존재의 본질이 무엇이고, 그 근본 원리가 무엇인지를 탐구하는 학문이야. 자유, 신, 영혼 불멸 등 추상적인 개념들이 나오지. 그런데 그런 개념들을 확실히 알 수 있을까? 칸트는 인간의 이성으로는 그런 인식에 도달하지 못한다고 했어. 인식은 주관적으로만 가능하고, 신의 존재는 증명할 수 없다고 하면서 이렇게 말했어. 신앙에 이르려면 지식은 중단되어야 한다.

그러면 인간은 어떻게 해야 할까? 그는 인간에게는 자유의지가 있고, 그것은 도덕적 법칙의 지배를 받는다

---

[21]   오성(verstand)은 넓게는 사고하는 능력을 의미하며, 일반적으로는 여러 감각적 능력인 감성과 대립되는 지력을 의미한다. 칸트는 오성과 이성을 엄격히 구분했다. 그에 따르면 오성은 "표상 자체를 산출하는 능력, 혹은 인식의 자발성"이자, "감성적 직관의 대상을 사유하는 능력"이다.

고 했어. 네 의지의 격률(준칙)이 언제나 보편적 입법 원리로서 타당할 수 있게 행동하라. 칸트가 말한 이 도덕 법칙을 정언적 명령, 또는 정언 명법이라고 해. 어떤 행위의 결과나 목적과 상관없이 그 행위 자체가 선하기 때문에 반드시 따라야 하는 도덕적 명령을 뜻하는 거야. 여기서 네 의지의 준칙이라는 말은 각 개인의 양심에 따른 주관적인 행위의 원칙이고, 보편적 입법의 원리는 누구나 받아들여야 하는 객관적인 행위의 원칙을 말해. 따라서 단순히 내 양심에 비춰 옳다고 생각하는 행위가 아니라 인간이라면 누구나 옳고 선하다고 인정하는 행위가 되어야 한다는 뜻이야.

칸트의 3대 비판서라고 불리는 다음의 대표적인 저서는 각기 다음과 같이 요약할 수 있어.

진리는 우리 오성의 산물이다. 《순수 이성 비판》
도덕은 우리 의지의 산물이다. 《실천 이성 비판》
미(美)는 우리 감성의 산물이다. 《판단력 비판》

칸트에게는 철학이 목표가 아니라 하나의 길이고 과정이었어. 수학, 언어, 물리학, 역사는 익혀서 알 수 있지만 철학은 그럴 수 없다고 했어. 다만 철학적으로 생각하는 것은 배울 수 있다고 했어.

칸트는 80세에 죽었어. 자신이 쓴 책을 검열하는 교회나 당국과 오랫동안 불편한 관계였지만 자신이 살면서 이룩한 일들에 만족했던 것 같아. 왜냐하면 죽기 전에 마지막으로 이렇게 말했거든. 좋다.

피히테

Johann Gottlieb Fichte

1762년~1814년

자아를 강조한 철학자

요한 고틀리프 피히테는 예나와 라이프치히에 서 신학을 공부했어. 가난한 집에서 태어나 대학을 다니기 어려웠지만 그의 재능을 높이 산 귀족의 도움으로 공부를 할 수가 있었어. 그러다가 후원자가 죽는 바람에 경제적으로 어려움에 빠지게 되자 취리히와 바르샤바에서 간신히 가정교사 자리를 얻어 생활했어. 하지만 아이들보다 부모를 먼저 가르치려고 했기 때문에 결국에는 쫓겨나고 말았지.

피히테는 우연한 기회에 칸트 철학을 접했어. 그는 칸트에게 열광했고, 자신의 우상을 만나려고 쾨니히스베르크까지 직접 찾아가기도 했어. 칸트의 관심을 끌려고 4주 만에 논문을 완성해 칸트에게 보냈고, 그의 도움으로 논문을 무사히 출간할 수 있게 되었어. 논문이 익명으로 발표되자 사람들은 그것을 칸트가 썼다고 오해했어.

얼마 뒤 칸트가 논문의 원래 저자는 피히테라고 밝히면서 피히테는 갑자기 유명해졌고, 열렬한 환호를 받으며 예나대학의 교수로 초빙되었어. 그런데 피히테가 공부보다는 술 마시고 노는 것을 좋아하는 학생 조합에 반대하면서 갈등이 생겼어. 누군가는 그의 집 창문으로 돌을 던졌고, 누군가는 익명의 전단지를 작성해 그가 무신론자라고 주장했어. 그러자 프로이센 왕이 그에게 편지를 보냈어. '그대가 사랑하는 신과 적대 관계인 것이 사실이라면 그 일은 사랑하는 신께서 그대와 해결하실 것이다. 나와는 전혀 상관없는 일이다.'

피히테는 프로이센 왕의 호의적인 태도와 관용을 믿고 베를린으로 떠났어. 자신에 대해서는 이런 말을 했어. 나는 학자가 될 재주는 없다. 나는 단순히 생각만 하고 싶지는 않고 행동을 하고 싶다.

피히테는 처음에 프랑스 혁명에 환호했고 사상의 자유를 요구했어. 그런데 나폴레옹이 황제 자리에 올라 혁명의 성과를 짓밟고 유럽 전체를 지배하려는 정복 전쟁을 벌이자 피히테는 그를 맹렬하게 비난했어. 나폴레옹 군대에 점령당한 베를린에서 위험을 무릅쓰고 독일 국민을 각성시키는 연설을 했고, 그 연설문은 다음 해에 《독일 국민에게 고함》이라는 제목으로 출간되었어. 그는 나폴레옹에 패한 독일이 정치적으로 재탄생하려면 독일 국민이 도덕적으로 개혁해야 한다고 촉구했어. 피히테의 철학을 한마디로 요약하면 다음과 같아.

세계는 자아의 산물이다.

피히테는 52세에 발진티푸스에 감염돼 죽었어.

셸링

Friedrich Wilhelm Joseph Schelling

1775년~1854년

예술에서도 신이 드러난다

프리드리히 빌헬름 요제프 셸링은 독일 남서부 슈바벤(Swabia) 지역 출신으로, 많은 철학자들처럼 목사 집안에서 태어났어. 어려서부터 언어에 재능이 뛰어나서 독일어와 프랑스어 이외에도 그리스어, 라틴어, 히브리어, 아랍어에도 능통했어.

16세에 벌써 튀빙겐에 있는 신학교에 들어가 신학을 배우기 시작했는데, 거기서 시인 횔덜린(Johann Christian Friedrich Holderlin, 1770~1843)과 헤겔을 만나 친구가 되었어. 튀빙겐 삼총사라고 불린 이들은 프랑스 혁명에 열광했고, 칸트와 스피노자의 철학을 공부하고 괴테(Johann Wolfgang von Goethe, 1749~1832)와 헤르더(Johann Gottfried Herder, 1744~1803)의 작품을 함께 읽었어. 또 당시의 많은 청년들처럼 자연을 새롭게 발견하기 시작했어.

셸링은 자연 철학의 체계를 수립하는 데 전념했어. 자연은 살아 있는 유기체이고, 인간의 정신이 그 정점에 있다고 보았어. 그래서 자연의 돌과 식물, 동물을 관찰하면 거기서 감춰진 신을 발견할 수 있다고 했어. 셸링의 이러한 사상은 신이 돌 속에 잠들어 있고, 식물 속에서 숨을 쉬며, 동물 속에서 꿈을 꾸고, 인간 속에서 깨어난다고 하는 브라만[22]의 지혜를 떠올리게 해.

22 인도 카스트 제도에서 가장 높은 지위인 승려 계급.

셸링의 사상을 가장 독창적으로 보여주는 분야는 예술 철학이었어. 인간의 정신이 만들어내고 형태를 부여한 것이기 때문에 예술 작품을 높이 평가했고, 예술에서도 신이 드러난다고 했어.

셸링은 살아 있을 때 보기 드물게 성공한 철학자였어. 귀족 신분을 얻었고, 여러 대학에서 그를 교수로 초빙하려고 애를 썼어. 바이에른 황태자에게 철학을 가르쳤고, 독일 낭만주의를 대표하는 시인들과도 교류했어. 훔볼트(Alexander von Humboldt, 1769~1859)는 그를 독일에서 가장 지적인 남자라고 했고, 프로이센 왕은 신에 의해 선택받은 사람이라고 했으며, 괴테는 그의 특출한 재능을 칭찬했어.

셸링은 79세에 요양 치료를 받다가 끝내 회복하지 못하고 죽었어.

헤겔

Georg Wilhelm Friedrich Hegel

1770년~1831년

진리는 전체다

게오르크 빌헬름 프리드리히 헤겔은 독일 슈투트가르트(Stuttgart)에서 세무서 관리의 아들로 태어났고, 슈투트가르트 김나지움을 다녔어. 김나지움을 졸업하고 나서는 튀빙겐 신학교에 진학했고, 그곳 기숙사에서 천재 시인 횔덜린과 철학자 셸링(Thomas Crombie Schelling, 1775~1854)과 같은 방을 썼어.

신학 공부를 마친 뒤 처음 몇 년 동안은 생계를 유지하기 위해서 어쩔 수 없이 가정교사로 일했어. 그래서 다음으로 찾은 일이 예나대학의 시간강사 자리였어. 하지만 나폴레옹 군대가 대학을 점령해 봉급을 받을 수 없는 상황이 되자 한동안 밤베르크에서 한 신문의 편집국장으로 일했어. 그곳에서는 노예선과 비교될 정도로 고된 노동에 시달렸어. 결국 신문사를 그만두고 뉘른베르크에 있는 한 김나지움의 교장이 되었고, 그곳에서 학생들에게 고대 게르만 민족의 영웅서사시인 〈니벨룽겐의 노래〉를 가르쳤어. 그는 자기 스스로도 지루한 수업을 하지 않으려고 동시에 그리스어로 번역을 하면서 수업을 했대.

헤겔은 46세가 되어서야 마침내 꿈을 이루어 베를린대학의 교수가 되었어. 그때부터는 마음껏 자기 자신과 세계에 대해 생각하면서 철학에 전념했어. 하지만 학생들이 알아들을 수 있는 내용은 많지 않았어. 독일 남서부 슈바벤 지역의 사투리를 쓰는데다가 적절한 단어를 찾느라고 끊임없이 강의 노트를 뒤적이는가 하면, 생각하느라고 강의를 중단할 때가 많았거든.

그럼에도 불구하고 설득력이 뛰어났는지 그의 강의실은 언제나 학생들로 가득 찼어. 반면에 거기서 옆으로 세 번째 강의실에서 강의하던 쇼펜하우어의 강의실은 텅 비어 있었대. 쇼펜하우어는 아마 그때부터 헤겔을 미워했나 봐. 그를 술집 주인처럼 생긴 멍청한 사기꾼이라고 했거든.

반면에 헤겔도 학창 시절 친구였던 셸링을 질투하고, 철학자 슐라이어마허(Friedrich Schleiermacher, 1768~1834)를 미워했어.[23] 슐라이어마허에게는 칼로 위협을 한 적도 있었는데, 두 철학자는 나중에 티볼리 공원에서 함께 미끄럼틀을 타면서 화해했대.

헤겔은 세계가 모순, 또는 대립 속에서만 발전한다

---

23   슐라이어마허가 주관성을 원리로까지 높이고 사유를 감정표현의 도구로 삼는 경향을 보인 데 반해, 헤겔은 객관성을 중시하고 사유를 모든 학문의 원리로 간주했다.

고 주장했어. 모든 사물이나 인간의 인식은 정반대로 바뀌려는 경향이 있고, 모든 대립에는 화해를 추구하는 경향이 있다는 거야. 이러한 발전 원리를 정(正,긍정), 반(反,부정), 합(合,부정의 부정)의 세 단계를 거치는 변증법이라고 하고, 독일어로는 이를 테제(These), 안티테제(Antithese), 진테제(Synthese)라고 해.

헤겔에 따르면 세계는 개별적인 부분으로 이루어진 것이 아니고, 전체가 하나의 유기체이고 각각이 독립적으로 보이는 것은 허상이라고 했어. 예를 들어 꿀벌 한 마리는 벌집의 일부이고, 전체 벌 집단의 일부일 뿐이라는 거야.

인간도 국가의 일부일 뿐이고 개인의 자유는 제한된다고 했어. 나치 시대에는 이를 악용해 '너는 아무것도 아니고 너의 민족이 전부다!' 라는 슬로건까지 나왔어. 헤겔은 언론의 자유도 제한된다고 보았어. 언론이 정부나 경찰을 경멸하게 만드는 내용을 쓰도록 허용하면 안 된다고 했어.

헤겔은 민족 국가를 찬양했고, 국가에 때때로 전쟁을 일으킬 수 있는 권력과 권리를 주어야 한다고 했어. 그가 볼 때 평화는 필연적으로 부패와 타락을 초래하기 때문이었어. 그는 세계 역사가 행복의 무대만은 아니었다고 했어. 평화롭고 행복한 시기는 세계사에는 기록되지 않고 대립에 의한 발전이 이루어지지 않은 시기로 보았거든.

그는 《역사철학》에서 이렇게 썼어. 유럽은 세계사의 끝이고, 아시아는 시작이다.

헤겔의 언어는 모호하고 이해하기 어려울 때가 많지만 때로는 재치 있고 핵심을 찌르기도 하지.

- 우리의 인식 능력에 한계가 있다는 칸트의 철학을 수영을 배우기 전에는 물에 들어가려고 하지 않는 공론가의 생각과 비교했어.

- 절대적인 것에서는 주관적인 것과 객관적인 것이 차이가 없다고 한 셸링의 주장은 이렇게 해석했어. 밤에는 모든 소가 검게 보인다.

- 인간의 마음에 종교를 일깨우는 것이 철학의 과제는 아니라고 했어. 그것은 개한테 책을 주며 씹어 먹게 함으로써 지식을 넣으려는 것만큼 불합리하다.

- 간혹 괴테가 한 말로 오인되는 다음의 멋진 말도 헤겔이 그의 저서에서 쓴 말이야. 시종의 눈에는 영웅이 없다. 언뜻 생각할 때는 아무리 위대한 영웅도 가까

이서 오랫동안 지켜본 사람의 눈에는 이런저런 결점이 있는 평범한 인간일 뿐이라는 뜻으로 해석할 수 있을 거야. 하지만 헤겔은 그런 뜻으로 한 말이 아니야. 영웅은 전체적인 역사와의 관계에서 보아야 하는데, 시종은 자질구레한 일상의 모습으로만 편협하게 판단하기 때문에 영웅을 알아보지 못한다는 의미였거든.

헤겔은 베를린에서 유행한 콜레라에 걸려 죽었어.

쇼펜하우어

Arthur Schopenhauer

1788년~1860년

의지와 표상으로서의 세계

천재성과 광기는 동전의 양면처럼 서로 밀접하게 결합된 경우가 많아. 폴란드의 그단스크(Gdánsk)에서 부유한 상인 가문의 아들로 태어난 아르투어 쇼펜하우어의 가족을 보면 그와 같은 사실을 확인할 수 있어. 할머니는 정신이 온전하지 못했고, 아버지는 교양 있고 지적인 사람이었지만 말년에는 정신 장애를 보였어. 쇼펜하우어의 형제 중에도 정신 장애를 가진 사람이 한 명 있었어. 어머니는 자식을 돌보기보다는 소설 쓰는 것을 더 좋아했어. 그래서 쇼펜하우어를 2년간 파리에 있는 학교에 보냈고, 그 뒤에도 영국에 있는 기숙학교에 보냈어. 쇼펜하우어는 그곳에서 상인이 되기 위한 교육을 받았지만 자신에게는 맞지 않는 길이라고 느꼈어.

얼마 후 그는 다행스럽게도 학교를 그만두고 자신이 원하는 것을 할 수 있게 되었어. 아버지가 지붕에서 떨어져 죽고 나자 어머니는 문화와 사교 생활에 더 열중하려고 당시 괴테가 살고 있던 바이마르로 떠나버렸거든. 쇼펜하우어는 자유로워졌고, 성년이 되자 어머니를 상대로 소송을 벌여 아버지의 유산을 받을 수 있었어. 그는 그 돈으로 대학에 들어갔고, 처음 몇 년간 의학을 공부하다가 철학으로 진로를 바꿨어.

쇼펜하우어는 끝없는 불신과 염세주의에 사로잡혀 살았어. 모든 삶의 역사는 고통의 역사이고 불행한 삶에 대해 성찰하는 것이 유일한 낙이라고 주장했거든. 또 세상은 고통으로 가득하고 결코 바람직하지 않다고 했어.

쇼펜하우어가 평생 존경한 사람은 칸트와 부처뿐이었는데, 그의 서재에는 칸트의 흉상과 청동불상이 놓여 있었어. 그는 이 둘을 제외한 모든 사람을 자신의 책을 읽지 않거나 이해하지 못하는 자연의 공산품으로 여겼어.

쇼펜하우어는 여성을 혐오한 것으로 유명했는데, 아마 어머니와의 불화와 열한 살 연상이던 한 연극배우와의 불행한 사랑 때문이었을 거야. 그는 이렇게 썼어. 여자를 특징짓는 것은 본능적인 교활함, 거짓말과 낭비를 일삼는 버릇이다. 또 여자는 문학과 음악, 미술에 대한 감이 전혀 없고 이해하지도 못한다고 했어. 엉덩이가 넓적하고, 어깨는 좁고, 키가 작은 이 존재를 아름답다고 하는 것은 오직 성적인 충동으로 판단력이 흐려진 남자들의 잘못이다. 결혼을 한다는 것은 눈을 가린 채 뱀이 잔뜩 들어 있는 자루에 손을 넣어 뱀장어를 찾기를 바라는 것이라 했어.

쇼펜하우어는 인간을 경멸하고 동물에게 연민을 느

졌어. 그래서 이런 말도 했어. 어린 남자아이는 딱정벌
레 한 마리를 밟아 죽일 수 있다. 하지만 세상의 그 어
떤 철학자도 그것을 만들어내지 못한다. 그는 특히 검
정색 푸들을 좋아했고, 자신이 키우던 푸들이 죽으면
곧바로 다시 한 마리를 데려왔어. 강아지를 항상 '세계
영혼'이라는 뜻을 가진 아트마(Atma)라고 불렀는데, 자
기 말을 듣지 않을 때는 '인간'이라는 뜻인 멘슈(Mensch)
라고 불렀대.

쇼펜하우어의 하루 일과는 언제나 똑같았어. 오전에
서재에서 일하다가 12시에 플루트를 연주한 다음 식당
에서 점심을 먹었어. 식사가 끝나면 아트마를 데리고 2
시간 동안 산책을 나갔다가 돌아와 〈런던 타임스〉를 읽
었어. 그다음에는 느긋하게 파이프 담배 한 대를 피우
고는 서재로 돌아가 일에 열중했어.

1819년에 쇼펜하우어의 유명한 저서 《의지와 표상으
로서의 세계》가 출간되었어. 그는 자신이 쓴 내용에 대
해 절대적으로 확신했고, 책에 나오는 몇몇 부분은 성
령의 계시로 받아썼다고 주장했어. 그럼에도 불구하고
이 철학책에 관심을 보이는 사람은 거의 없었어. 그래

서 아주 적은 부수만 인쇄했는데도 초판이 다 팔리기까지 30년이나 걸렸다고 해.

이 책은 다음과 같은 문장으로 시작돼. 세계는 나의 표상이다. 모든 사물은 현상일 뿐이고, 정신의 몽상에서 태어난 꿈이다. 쇼펜하우어는 물자체(사물 자체)와 현상을 구분한 칸트 철학을 수용하면서도 현상 뒤에 무엇이 있는지 계속 캐물었어. 그리고 그것을 의지라는 개념으로 표현했어. 현상 뒤에는 인간의 엄청난 고통을 야기하는 맹목적이고 끊지 않는 충동인 '의지'가 존재한다. 인간은 자신이 원하는 대로 행동할 수는 있지만 의지를 원할 수는 없다.

여기서 쇼펜하우어가 말하는 의지는 세계를 이끌어가는 충동적인 힘이나 생명력, 생존 본능 등으로 표현할 수 있을 거야. 인간에게는 삶에 대한 맹목적인 의지가 있는데, 이 의지는 비합리적이고 충동적이기 때문에 인간을 끊임없이 방황하게 하고 삶을 고통스럽게 해. 그래서 이러한 고통에서 벗어나려면 의지를 길들여야 한다고 했지.

쇼펜하우어는 의지를 길들이는 데는 두 가지 방법이 있다고 했어. 바로 금욕과 가난인데, 돈은 바닷물과 같아서 마시면 마실수록 더 목이 마르기 때문이라고 했어. 따라서 삶의 고통으로부터 완전히 벗어나려면, 우리가 애착을 갖는 모든 것을 포기하는 철저한 금욕과 순결함으로 의지 자체를 없애서 결국에는 무(無)에 이르러야 한다는 거야. 그는 부처에게서 이러한 사상을 수용했고, 기독교와 이슬람교는 거부했어.

쇼펜하우어는 예술을 높이 평가했는데, 그중에서도 특히 음악을 중시했어. 음악은 잠시나마 그를 삶의 의지와 고통으로부터 해방시켜주었기 때문이야. 수많은 오페라 명곡을 만든 작곡가 바그너(Richard Wagner, 1813~1883)는 쇼펜하우어의 평가를 열광적으로 환호했지만, 쇼펜하우어가 오페라를 두고 한 말은 아니라는 사실을 잘 몰랐어. 쇼펜하우어는 말이 음악을 망친다고 여겼고, 오페라를 군악이나 춤곡 같은 수준으로 보았거든.

아르투어 쇼펜하우어는 72세에 죽었고, 아트마 없이 니르바나(열반)의 세계를 향해 나아갔어.

에머슨
Ralph Waldo Emerson
1803년~1882년

네 자신의 세계를 창조하라

랄프 왈도 에머슨은 미국 보스턴(Boston)에서 개신교 목사의 아들로 태어났고 하버드대학교에서 신학을 공부했어. 목사가 되었지만 그의 아내가 19세의 어린 나이에 일찍 죽자 그만두었어. 그 뒤 유럽으로 건너가 3년 동안 여행을 다니면서 삶의 의미를 찾으려고 했어.

그는 매사추세츠로 돌아왔고, 자연의 소중함을 강조하면서 이렇게 주장했어. 우리는 숲속에서 이성과 신앙으로 되돌아간다. 그는 자연 만물에 신이 존재한다고 확신했고, 인간은 자연과의 조화 속에서 살아야 한다고 믿었어. 자연을 신적인 계시가 드러나는 진정한 근원으로 본 범신론자였지.

에머슨은 성경에 묘사된 기적을 허구로 여겼기 때문에 무신론자라는 소리를 들었어. 그리스도를 비범한 인간으로만 보았을 뿐 신의 아들이라고는 생각하지 않았어.

에머슨은 미국 북부에서 행한 수많은 강연과 에세이로 노예 해방을 위해서 싸웠어. 개인의 사상과 행동의 자유를 주장했고, 독자들과 청중들에게 자기 자신의 세계를 창조하라고 요구했어. 건강한 이성을 가진 새로운 세계를 강조했고, 편협한 종교적 독단과 전통을 배척했어. 에머슨의 철학은 형식과 엄격한 논리적 구조가 부족하고 내용도 일관성은 없었지만 내적인 설득력이 매우 강했어. 에머슨은 언젠가 자신의 사상을 숲의 아이들이라고 했어.

말년에는 이런 말도 했어. 세월은 하루하루가 절대 알지 못하는 많은 것을 가르쳐준다.

키르케고르

Søren Kierkegaard

1813년~1855년

모든 실존은 나를 불안하게 한다

덴마크 출신의 철학자 쇠렌 키르케고르는 부유한 상인의 일곱째 아이로 태어났는데, 어렸을 때 다섯 형제를 잃는 슬픔을 겪었어. 아버지는 직물 거래로 부자가 된 지적이고, 신앙심이 깊은 사람이었고, 어머니는 아버지의 집에서 일하던 하녀였어.

키르케고르는 거의 평생을 코펜하겐에서 보냈고, 그곳에서 철학을 공부했어. 항상 특이한 행동을 하면서도 멋쟁이처럼 차려 입는 것을 좋아했고, 카페를 자주 드나들었어. 사람들은 그를 유머가 넘치는 사람으로 생각했고, 그의 반어적인 표현도 유명했어. 예를 들면 이런 거야. 나에게 모든 것을 물어도 이유만은 묻지 마라. 내게는 대부분 서로 모순되는 수많은 이유가 있고, 나는 그런 이유 때문에 그 어떤 이유도 말할 수 없다.

이처럼 키르케고르는 유머와 재치가 넘치는 사람으로 보이지만 사실은 굉장히 우울했어.

아주 작은 모기에서 성육신[24]의 비밀에 이르는 모든 실존은 나를 불안하게 한다.

키르케고르에게는 무엇보다 개인이 중요했어. 군중

---

24 하나님의 독생자 예수가 인류 구원을 위하여 성령에 의하여 마리아의 태내에서 사람으로 잉태된 일.

은 거짓이고, 익명의 공중은 허튼소리만 만들어낼 뿐이다. 교회에 대해서는 이렇게 말했어. 루터에게는 95개의 명제[25]가 있었지만 나에게는 단 하나뿐이다. 기독교는 없다.

키르케고르에 따르면 인간은 살아가는 동안 세 단계를 거치면서 발전하고 성숙해져.

먼저 미적 단계에서 인간은 주위를 돌아보며 세상의 온갖 즐거움을 만끽해. 하지만 욕망을 좇아 향락에만 빠져 살면 삶이 무의미하고 공허하다는 것을 알게 돼.

윤리적 단계에서는 자기 내면의 소리에 귀를 기울이면서 옳고 그름을 인식하고, 윤리적인 사명에 따라 인간답게 살아야 한다는 사실을 인식하게 돼. 하지만 무엇이 옳고 그른지 알면서도 그것을 실천하지 못하는 나약함을 깨닫지. 또 아무리 도덕적으로 살아도 결국에는 죽을 수밖에 없는 존재라는 사실을 인식하면서 불안과 절망을 느끼게 돼.

마지막 종교적 단계에 이르면 인간은 무한한 존재에 대한 진실한 믿음 속에서 세상과 자신의 죽음에 대한

---

25 마르틴 루터는 1517년 10월 31일, 면죄부 판매에 대한 항의서를 발표했다. 면죄부 판매 설교사로 명성이 자자하던 도미니크 수도사 요한 테첼(Johann Tetzel)이 비텐베르크 근방에 왔을 때, 비텐베르크 성교회 문에 '95개조 반박문'을 붙였다.

불안과 절망을 떨쳐버릴 수 있어.

키르케고르는 42세에 뇌졸중을 일으켰고, 코펜하겐의 한 거리에서 죽었어.

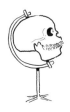

포이어바흐
Ludwig Feuerbach
1804년~1872년

인간이 자신의 형상에 따라서 신을 창조했다

✦ 루트비히 포이어바흐는 유명한 법학자의 아들
로 태어났어. 그는 성직자가 되려는 꿈을 품고
신학을 공부했어. 하지만 신앙과 이성, 독단적인 교리와
자유 사이의 대립을 견디기가 어려웠어. 그래서 철학으
로 진로를 바꾸었고 25세에 대학 강사가 되었지. 그런
데 얼마 지나지 않아서 교회에 반대하는 글을 쓰는 바
람에 대학을 그만두어야 했어. 그 후로 그의 삶은 엉망
으로 꼬였고, 다양한 직업을 전전했지만 행운이 따르지
않았어. 그러다가 도자기 공장을 운영하는 부유한 집안
의 딸과 결혼하면서 안정을 찾았고, 저술 활동에 전념
할 시간과 여유를 갖게 되었어. 이제는 자신의 신념대
로 무신론적인 사상을 드러내도 상관이 없었어.

포이어바흐는 인류가 모든 초감각적인 것을 단념하
기를 바라면서 이렇게 말했어. 인간은 기독교를 포기해
야 비로소 인간이 된다. 인간이 종교의 시작이고 중심
이며 끝이다. 신은 존재하지 않는다. 신은 상상 속에만
존재할 뿐, 실제로는 없다. 인간이 자신의 형상에 따라
서 신을 창조했다.

그는 우리 인간이 신이 아니라 자연에 예속되어 있
고, 신에 대한 믿음의 뿌리는 인간의 이기주의에 있다
고 주장했어. 유한한 존재인 인간이 영원한 행복을 얻

고 싶다는 소망을 이루기 위해서 영원불멸의 절대적인 존재를 창조했다는 거야.

훗날 그의 아내가 운영하던 도자기 공장이 파산해 가족이 살던 대저택도 경매로 넘어갔어. 순식간에 그의 명성도 빛이 바랬고, 친구들의 도움에 의지해 궁핍하게 살아야 했어. 그는 두 번의 뇌졸중을 겪은 뒤 마지막 2년을 목숨만 부지한 채 시체처럼 살다가 68세에 폐렴으로 죽었어.

신이 루트비히 포이어바흐처럼 생겼는지는 영원히 알 수 없을 거야. 다만 성직자들은 악마가 그와 무척 닮았을 거라고 확신했어.

마르크스

Karl Heinrich Marx

1818년~1883년

경제학의 스승

✦✦ 공산주의 혁명가 카를 마르크스는 어렸을 때는 시인이 되고 싶어 했어. 유대인 집안에서 태어났고, 대학 입학 자격시험을 치를 때 쓴 소논문은 제목이 〈그리스도 안에서 신앙인들의 통합〉이었어. 대학에 들어가서는 변호사인 아버지의 뜻에 따라 법학을 공부했어. 하지만 법학보다는 문학과 역사, 철학에 몰두했고 결국에는 철학으로 박사 학위를 받았어.

마르크스는 세계를 해석하는 것보다는 변화시키는 것이 더 중요하다고 보았어. 그에 따라 '혁명가'라는 직업을 택했고, 독일에서 급진적인 좌파 운동에 대한 탄압이 심해지자 프랑스 파리로 이주했어. 하지만 프랑스에서도 추방을 당해 벨기에를 거쳐 결국 영국으로 망명했어. 그는 전 세계 프롤레타리아²⁶의 단결을 요구하는 《공산당 선언》을 발표했고, 프롤레타리아는 그들을 옭아맨 족쇄 이외에는 잃을 것이 전혀 없으니 공산주의 혁명을 두려워할 필요가 없다고 외쳤어.

그는 자본주의와 자본가는 탐욕으로 몰락할 거라고 주장했어. 그러면 모든 인간이 평등하게 살 수 있는 진정한 자유의 제국이 시작될 거라고 했어.

---

26 자본주의 사회에서 자신의 노동력을 판매하여 생활을 영위해 가는 무산자 계급, 노동력 이외에는 생계 수단을 갖지 못한 빈곤층을 의미한다.

수많은 이들이 마르크스를 위대한 스승으로 숭배했고, 그의 사상을 토대로 한 러시아 혁명은 성공을 거두었어. 그러나 오로지 자신들의 이익을 위해서 그의 사상을 악용하는 세력에 의해 마르크스주의가 왜곡된 형태로 나타나기도 했어. 그 후 공산주의의 종주국인 소련이 해체되면서 자본주의의 몰락을 예견한 마르크스의 사상도 이제는 효력을 다한 것으로 보였어. 그러나 마르크스가 예리하게 분석하고 비판한 자본주의의 모순은 오히려 오늘날 더 첨예하게 드러나고 있어. 자본주의가 전 세계로 확장되면서 빈부 격차는 더 커졌고, 마르크스가 지적한 인간의 소외 문제, 물질만능주의, 생산과 소비의 과잉, 경제 위기도 끊임없이 발생하고 있거든. 따라서 현대 자본주의 사회의 모순과 불평등을 해결하려면 마르크스를 제대로 이해하고 새롭게 해석하는 지혜가 필요해.

마르크스는 다윈과 함께 20세기를 통틀어 가장 영향력 있는 사상가였어. 차이가 있다면 다윈은 진화론을 발견했고, 마르크스는 혁명을 주장했다는 점이지.

마르크스는 63세에 런던에서 죽었어. 3권으로 된 저

서《자본론》은 많은 사람이 읽을 수 있을 만큼 쉬운 내용은 아니지만 현대 사회와 정치에 아주 큰 영향을 주었어.

니체
Friedrich Wilhelm Nietzsche
1844년~1900년

초인

프리드리히 니체는 목사 집안에서 태어났어. 아버지는 루터교 목사였고, 어머니도 개신교 목사의 딸이었어. 그래서인지 어렸을 때는 점잖은 태도로 성경을 인용하고 찬송가를 불러서 어린 목사라는 별명까지 얻을 정도였대. 니체는 재능이 뛰어난 소년이었고, 특히 음악과 언어에서 탁월한 능력을 보였어. 반면에 맞춤법과 수학에서는 무척 애를 먹었어. 처음에는 신학을 공부하다가 포이어바흐와 스피노자의 무신론적 사상에 영향을 받아 집안의 반대에도 불구하고 신학 공부를 중간에 그만두었어. 본과 라이프치히 대학에서 언어학과 문예학을 전공했는데, 박사 학위 논문을 제출하기도 전에 바젤 대학 교수로 초빙될 정도로 비범한 학생이었어.

니체는 바젤 대학교에서 10년 동안 고전문헌학을 가르치다가 건강 문제로 학교를 그만두었어. 젊은 시절부터 고질적인 편두통과 위통에 시달렸고, 극단적으로 심한 근시여서 나중에는 시력까지 잃었어. 정신적으로도 우울증과 고독에 시달리며 살아야 했어. 평생 딱 한 번 한 여성을 사랑해 청혼했다가 거절당하자 결혼은 철학자에게 희극이라는 말로 스스로를 위로했어.

아버지의 이른 죽음으로 어려서부터 할머니, 결혼하지 않은 고모 둘, 어머니, 누이까지 다섯 명의 여자들 틈에서 살아야 했기 때문에 여자에 대해서는 어차피 좋게 생각하지도 않았어. 그는 철학자로서 모든 남자들에게 이렇게 충고했어. 여자들에게 간다고? 그렇다면 채찍을 잊지 마라.

바젤 대학교를 그만둔 니체는 그 후 10년 동안 호텔을 전전하면서 외롭게 혼자 살았어. 겨울에는 따뜻한 이탈리아를 찾았고, 여름은 독일이나 스위스에서 보냈어. 정신이 나간 사람처럼 집필에만 몰두해 여러 권의 책을 썼지만 아무도 거기에 관심을 보이지 않았어.

니체는 이탈리아 토리노에서 정신병 발작을 일으켜 정신병원에 입원했고, 이후로도 제정신을 회복하지 못한 채 10년을 살다가 죽었어. 니체의 정신 착란이 매독의 후유증이라는 주장도 있지만 정확한 사실 여부는 확인되지 않았어. 그는 이해할 수 없는 말들을 중얼거렸고, 주인에게 학대당해 말라빠진 말을 보고는 흐느끼면서 껴안기도 했어. 완전히 정신 이상자가 된 그를 처음에는 어머니가 돌보았고, 어머니가 죽은 뒤에는 누이 동생이 끝까지 그를 보살폈어. 정신병 발작이 일어나면 온 집 안을 춤을 추며 돌아다녔고, 피아노로 불협화음을 내며 알 수 없는 노래를 불러댔어. 스웨덴의 극작가 스트린드베리(August Strindberg, 1849~1912)에게 보낸 편지에는 자신의 이름을 니체 카이사르[27]나 십자가에 못 박힌 자라고 썼어.

니체는 세기 전환기인 1900년에 온전한 정신을 찾지 못한 채로 바이마르에서 죽었어.

그렇다면 니체의 위대성은 어디에 있었을까? 그는 인간에게 참회와 속죄, 절대적인 복종을 요구하는 기독교 윤리를 거부했다. 그가 생각하는 인간은 끊임없이 힘을 추구하고 능동적으로 자신의 삶을 창조하는 주체이며, 결국에는 세계의 지배자가 될 초인에 이르러야 할 존재였다. 그것은 한 병든 인간의 권력에 대한 환상이었을까?

니체는 스스로를 망치를 든 철학자라고 하면서 기존의 모든 규범과 사상을 깨부수려 했고, 반기독교주의자이자 반도덕주의자였어. 그는 자신이 살고 있는 시대를 문화와 도덕, 신앙이 쇠퇴하는 종말의 시기로 보았어.

---

[27] 카이사르(Gaius Julius Caesar, 기원전100년~기원전44년)는 로마의 공화정을 해체해버리고 혼자서 독재적인 권력을 지니는 '종신 독재관'이 되어 제정(帝政) 시대를 열었다.

바그너의 음악에서도 처음에는 새로운 문화의 탄생을 알리는 새벽빛을 발견했다고 여겼지만, 그것은 결국 한 세기의 종말을 비추는 황혼의 빛이었다고 했어.

니체에게는 삶이 창조와 몰락의 끊임없는 과정이고, 목적과 목표가 없는 영원한 반복이었어. 그는 그것이 자신의 운명이라고 했어. 또 모든 인간이 그 과정을 인정해야 한다고 했어. 질서와 정도를 상징하는 아폴론적인 것과 욕망과 충동, 파괴를 상징하는 디오니소스적인 것이 서로 대립하고 충돌해야 새로운 것이 탄생할 수 있다고 보았기 때문이야.[28]

신은 죽었다. 우리가 신을 죽였다. 니체가 주장한 유명한 말이야. 그 말은 인간이 의지하고 따를 수 있는 최고의 가치를 상실했다는 뜻이야. 그러나 그는 거기서 그치지 않고 모든 개인이 신 없이 새로운 세계를 만들어야 한다고 주장했어. 니체에 따르면 현재의 인간은 동물과 앞으로 탄생할 새로운 인류인 초인(超人) 사이에

28　그리스 신화에서 아폴론은 빛과 지식의 신이자 음악과 시를 주관하는 신인 반면, 디오니소스는 포도주의 신이자 종교적 유희와 광기의 신이다. 두 신은 공통적으로 예술을 관장하지만, 성향은 대조적이다. 니체는《비극의 탄생》(1872)에서 고대 그리스 비극에는 아폴론형과 디오니소스형이라는 두 가지 대립되는 요소가 있음을 말했다. 빛과 젊음을 상징하는 아폴론형은 이성, 문화, 조화, 덕성 등을 나타내며, 포도주의 신인 디오니소스형은 몰이성, 야만, 부조화, 광기 등을 나타내는 것이라고 하였다.

서 있어. 니체가 말하는 초인은 어떤 초월적인 힘을 가진 인간이 아니라 전통적인 규범과 신앙을 뛰어넘어 새로운 가치를 만들어내는 인간을 뜻해.

니체는 도덕이 새롭게 탄생하기 위해서는 스스로 죽어야 한다고 요구했어. 진리와 발전, 학문적 인식에 대한 믿음 등 기존의 모든 가치 체계와 질서는 무너져야 한다는 거야. 그런 이유에서 니체를 허무주의자라고 하지만, 니체의 허무주의는 단순히 종말이 아니라 희망으로 가득 찬 연극이었어.

니체는 생전에 종교계와 도덕주의자들로부터 혹독한 비판을 받고 외면당했지만, 죽고 나서는 유럽의 철학과 문학에 굉장히 큰 영향을 미쳤어. 니체의 철학에 대한 평가는 엇갈릴 수 있지만 그가 뛰어난 문학가였다는 사실만큼은 누구나 인정할 거야. 《차라투스트라는 이렇게 말했다》는 지금도 꾸준히 읽히는 세계적인 문학 작품 중 한 권이야.

야스퍼스
Karl Jaspers
1883년~1969년

실존의 해명

✦✦ 카를 야스퍼스는 정치 활동에도 참가한 부유한 은행가 집안에서 태어났어. 증조부 때부터 밀수로 부를 쌓았대.

야스퍼스는 여리고 병약한 아이였고, 선천적으로 기관지에 문제가 있어 당구를 제외하고는 어떤 운동도 할 수가 없었어. 건강 문제와 타고난 성향 탓에 사람을 꺼리는 이방인이 되었고, 평생 사람들과 일정한 거리를 두고 살았어. 사교 모임에 참석한 적도 없었고, 영화를 보거나 연극을 보러 간 적도 없었지. 친구들은 편지 교환을 통해서만 사귀었고, 평생 아내만을 사랑하면서 살았어.

그럼에도 불구하고 야스퍼스는 이렇게 썼어. 나의 영역은 인간이고, 그 밖에는 다른 무엇에도 관심이 없다. 그는 완전히 자기 자신 속에 묻혀 산 개인주의자였어. 대학에 입학해 법학을 공부하던 그는 인간을 하나의 전체로서 이해하고, 인간의 가능성이 어디까지인가 그 한계를 알기 위해서 의학과 정신분석학으로 진로를 바꾸었대.

야스퍼스는 철학을 공부한 적이 없어. 그에게 철학

은 학문이 아니었어. 학문은 발전을 이루지만 철학은 그렇지 않다고 보았거든. 역사적으로 관찰했을 때 철학은 온갖 오류에 대한 보고에 불과하다는 거야. 그는 이렇게 말했어. 우리가 플라톤보다 더 발전했다고는 말할 수 없을 것이다.

야스퍼스는 철학의 과제를 실존의 해명이라고 했어. 철학은 인간이 자기 자신의 무력함과 나약함을 인식하도록 일깨워야 하는데, 인간은 자기 자신을 찾아가는 과정에서 필연적으로 한계 상황을 경험하기 때문이라는 거야. 야스퍼스에 따르면 인간은 누구도 죽음, 투쟁, 고뇌, 죄에서 벗어날 수가 없어. 따라서 그러한 것들을 정면으로 직시하고 받아들여야 해. 그렇지 않으면 삶이 무의미하다고 생각되고 결국에는 절망에 빠질 수밖에 없기 때문이야. 그는 중요한 것은 인간이 그러한 한계 상황에서 어떻게 행동하고, 어떤 결정을 내리고, 어떻게 사느냐의 문제라고 했어. 그러니 용기를 내야 한다고 했어. 자신을 두려워하는 사람은 삶을 두려워한다면서 말이야.

야스퍼스는 인간의 미래가 매우 위험하다고 보았고,

기계화와 대량화, 인간성 상실의 위험과 정치와 핵폭탄의 위험을 경고했어. 그는 인간이 자기 스스로를 파멸시키지 않게 하는 세계의 질서, 보편적 이성의 공동체를 꿈꾸었어. 야스퍼스에게 인간은 하나의 수수께끼였고, 세계 최고의 가능성이자 최대 위험이었어.

각 개인에게는 자기 자신을 회복하라고 요구하며 다음과 같이 말했어. 민주주의는 지속적인 상태가 아니라 자유로 나아가는 과정일 뿐이다. 이 자유는 나의 인식이 아니라 나의 행동을 통해서 입증된다. 우리는 우리의 운명을 스스로 만들 수 있다. 사물의 과정을 전체적으로 결정하는 역사 법칙은 존재하지 않는다. 그것은 인간들의 결정과 행위의 책임이고, 미래는 거기에 달려 있다.

야스퍼스는 동료 철학자들에게도 이렇게 말했어. 모든 것이 불확실해진 세계에서 우리는 철학적으로 사유하면서 방향을 제시해야 한다. 비록 목표를 분명히 모른다고 할지라도. 철학에 관심을 가져야 한다. 물론 그는 철학의 과제는 제한되어 있다고 보았어. 철학자들은 비판만 할 수 있을 뿐이고, 정치는 다른 사람들에게 맡겨야 한다고 했거든.

야스퍼스는 자신이 터득한 모든 사상을 도덕을 설파하는 예언자와 같은 태도로 알렸어. 그래서 신학자 카를 바르트(Karl Barth, 1886~1968)는 야스퍼스의 사상을 꼭 두각시 인형이 나오는 '카스퍼를레 인형극'에 빗대 야스퍼를레 인형극이라고 했고, 아인슈타인은 그의 말이 술 취한 사람의 헛소리라고 했어.

야스퍼스는 사랑하는 아내의 90세 생일에 스위스 바젤(Basel)에서 세상을 떠났어.

하이데거
Martin Heidegger

1889년~1976년

존재와 시간

마르틴 하이데거는 독일 남서부 슈바르츠발트 (Schwarzwald) 지역에 있는 작은 마을 메스키르히(Messkirch)에서 맥주통을 만드는 수공업자의 아들로 태어났어. 보수적이고 신앙심이 깊은 하이데거의 부모는 아들을 마을에 있는 초등학교에 보내 읽기와 쓰기를 가르쳤어. 그의 총명함을 알아본 마을 신부의 도움으로 그는 인문계 중등학교에 들어갔고, 성당에서 장학금을 지원받아 공부하면서 대학 입학 자격시험을 보았어. 그 뒤 신부가 되기 위해 신학부에 들어가 신학과 철학을 공부했지만, 곧 신학을 포기하고 철학으로 진로를 바꾸었어.

하이데거는 신부가 아닌 프라이부르크 대학의 교수가 되었어. 슈바르츠발트에 있는 프라이부르크는 그의 고향이나 마찬가지였어. 겨울에는 그곳에서 스키를 탔고, 여름에는 펠트베르크 산기슭에 마련한 단출한 오두막에서 조용히 보냈지. 그는 슈바르츠발트와 그곳 사람들을 좋아했어. 그 지역 사람들이 입는 전통 의상을 즐겨 입었고, 음식점에서 만나는 농부들과 이야기하는 것도 좋아했어.

하지만 그가 가르치던 학생들과의 관계는 달랐던 것 같아. 강의를 하거나 철학적인 글을 쓸 때의 언어는 인위적이고 비비 꼬였다는 인상을 주었거든. 하이데거를 비판하는 사람들은 도무지 알아듣기 힘든 사물에 대한 강의를 예로 들어 그를 조롱했어. 하이데거에 따르면 사물은 하늘과 땅, 신과 인간이 구성하는 하나의 사방 세계를 자기 안에 끌어들이고 모으는 존재야. 사방 세계는 서로 어울리고 서로를 비추는 거울 놀이를 하는데, 이러한 거울 놀이에서 사물의 사물화, 세계의 세계화가 일어난다고 했어. 참 어렵고 이해하기 힘든 말이야.

1926년에 하이데거의 대표작 《존재와 시간》이 출간되었고, 이 책은 그를 하룻밤 사이에 유명하게 만들었어. 하이데거는 이 책에서 모든 철학적 사유의 근원으로 존재의 의미에 대한 물음을 던졌어.

전문가가 아닌 사람이 하이데거가 쓴 책을 읽기는 무척 어려워. 생소한 용어들을 사용했을 뿐만 아니라 기존의 말을 비틀어서 새로운 단어를 만들었기 때문에 그 뜻을 먼저 이해해야 하거든. 독일의 시사주간지 〈슈피겔〉의 한 기자도 하이데거는 독일 사람도 알아듣지 못하게 독일어를 비비 꼬아서 말하는 기분 나쁜 습관이 있다고 비판했어.

하이데거는 서양 철학의 역사를 연구했고, 시인 횔덜린과 릴케(Rainer Maria Rilke, 1875~1926)의 작품 세계를 분석했어. 또 현대의 과학 기술을 위험으로 여기면서 기술과 다른 세계관을 전달하는 예술에 관한 책을 썼어. 그는 기술은 잘못된 길이라고 했어. 유용성의 관점으로만 세계를 관찰하기 때문에 인간을 바람직하지 않은 방향으로 변화시킬 거라고 확신했기 때문이야. 그러면서 우리 인간은 잠시 손님으로 왔다가 떠나는 존재로 이 세계를 보호하고 아껴야 한다고 요구했어.

하이데거는 현재가 허무하고, 고향이 없고, 신으로부터 멀어져 있다고 했어. 인간은 자신의 존재를 바꿀 수 없기 때문이라는 거야. 그는 인간 존재를 현존재[29]라는 용어로 표현했어. 현존재는 자기 자신을 인간으로 이해하는 주체로서 자신의 의지와는 무관하게 세계 안에 내던져진 존재라는 뜻이야. 세계 내 존재는 유한한 시간

---

29 하이데거가 말하는 현존재(Dasein)란 '거기(Da) 있음(Sein)'이라는 일차적인 의미를 지닌다. 즉, 현존재는 거기에 존재하고 있으며, 존재해야 하는 가능성을 의미하며, 현존재의 본질은 바로 그의 실존에 놓여 있다.

속에 살아가는 존재이고, 죽음을 향해 나아가는 존재를 말해. 자신이 무(無)로 돌아가는 존재라는 사실을 깨달은 인간은 불안을 느낄 수밖에 없어. 하지만 필연적이지만 아직은 일어나지 않은 죽음을 외면하거나 부정하지 않고 미리 인식함으로써 능동적이고 주체적인 삶을 살 수 있다고 가르쳤어.

하이데거는 철학의 주된 과제는 대답을 찾기보다는 질문을 던지는 데 있다고 했어.

물음은 사유의 경건함이다.[30]

하이데거는 현대 철학을 대표하는 위대한 사상가 중 한 명으로 높은 명성을 누렸어. 하지만 동시에 나치에 동조하고 나치당에 가입한 전력으로 비난을 받기도 했어. 그 때문에 교수직을 그만두어야 했고, 그 이후로는 현실 정치와 거리를 두고 살았어. 어쩌면 그래서 한 인간과 그의 생애를 분리해서 생각해야 한다는 입장을 대변했을지 몰라. 그는 아리스토텔레스에 대한 강의를 시작하면서 이렇게 말했어.

"아리스토텔레스는 태어났고, 일했고, 죽었습니다.

---

[30]   하이데거는 끊임없이 물음을 던지는 것만이 은폐된 본래의 존재를 드러내게 하는 일이라고 보았다.

그러니 이제 그의 사상을 살펴보기로 합시다."

말년에는 이런 말을 했어. 미래의 사유는 더 이상 철학이 아니다. 사유는 내리막길을 걷고 있다. 사유는 언어를 모아서 단순히 말하는 것이 되었다.

하이데거는 87세에 생각하는 것을 중단했어.

러셀
Bertrand Arthur Russell
1872년~1970년

사랑, 인식, 연민, 행동하는 용기

러셀은 영국의 명문 귀족 가문에서 태어났어. 할아버지 존 러셀은 영국 수상까지 지냈거든. 그는 일찍 부모를 여의고 조부모 밑에서 자랐는데, 공교육에 반대한 할머니의 영향으로 가정교사한테서 문학과 수학을 배웠어. 학교에 다니지 못해서 친구를 사귀지 못한 러셀은 무척 외로운 어린 시절을 보내야 했을 거야. 11세 때 벌써 그리스 수학자 유클리드를 공부했는데, 마치 그걸 첫사랑처럼 숨 막히게 매혹적으로 생각했다고 해.

러셀은 나중에 자서전에 이렇게 썼어. 단순하지만 강렬한 세 가지 열정이 내 삶을 지배했다. 그것은 사랑에 대한 갈망, 인식에 대한 욕구, 인류의 고통에 대한 참기 힘든 연민이었다.

그는 평생 네 명의 사랑하는 사람을 만났고, 20년에 한 번꼴로 네 번 결혼했어. 마지막 결혼은 80세에 했는데, 그것이 그의 삶에서 가장 행복한 결혼이었다고 해.

명문 케임브리지 대학에 들어갔지만 지식에 대한 욕구는 채워지지 않았어. 그곳에서 배운 수학이 그에게는 몹시 지루했거든. 그래서 수학자이자 철학자인 화이트헤드와 공동으로 3권으로 된 기념비적인 저서 《수학 원리》를 썼어. 러셀은 현대 수학의 기초가 된 이 책을 11

년에 걸쳐 집필했고, 그렇게 오래 집중적으로 일한 덕분에 우울증을 극복할 수 있었어. 수학은 평화의 장소다. 수학이 없었다면 어떻게 살아야 할지 몰랐을 것이다.

그러다가 제1차 세계대전이 발발했고, 전쟁은 러셀의 삶을 완전히 변화시켰어. 그는 영국의 참전을 단호하게 반대하면서 평화 운동을 펼쳤어. 전쟁 복무에 반대하는 운동을 적극 지지했기 때문에 케임브리지 대학 교수직에서 해고되었고, 평화주의를 설파하는 강연 때문에 6개월 동안 감옥에 갇히기도 했어. 그때부터 그는 남은 평생을 윤리와 종교, 정치를 연구하는 데에 전념했어.

전쟁이 끝난 뒤 러셀은 영국 노동당 대표단의 일원으로 소련을 방문했고, 레닌과의 열띤 토론에도 참가했어. 베이징에 1년간 머물면서 철학을 강의했고, 일본과 오스트레일리아를 여행했으며, 자율적인 대안 학교를 설립하기도 했어. 1936년에 미국으로 건너가 시카고, 로스앤젤레스, 뉴욕을 방문했어. 하지만 거기서도 교수직을 잃고 고소를 당했어. 동성애까지 언급한 그의 저서 《결혼과 도덕》이 관능적이고, 음탕하고, 편협하고, 부도덕하다는 이유였지. 러셀은 영국으로 돌아가 히틀러 독재에 반대하는 운동을 펼쳤어.

1950년에는 인본주의적 이상과 사상의 자유를 대변한 책을 저술했다는 공로를 인정받아 노벨 문학상을 받았어. 그 뒤로도 수많은 상을 받고 영예를 안았지만 러셀은 지치지 않고 정치 활동을 이어갔어. 그는 어떤 자리에서든 연설을 하거나 글을 쓸 때 반대 입장을 분명히 드러냈어. 스탈린의 범죄 행위를 고발하는 글을 썼지만 동시에 편협한 반공산주의적 태도도 비판했어. 미국의 베트남 전쟁을 비판했고, 미국의 전쟁 범죄를 규명하기 위한 러셀 재판소를 설립했어. 사유재산의 악용을 반대했고, 정치적으로 박해받는 사람들을 위한 기금을 모으고, 선언문을 작성하고 라디오 연설을 했어. 또 핵전쟁의 위험을 경고하면서 핵무기 반대 운동을 펼쳤어. 그밖에도 아인슈타인을 비롯해서 케네디, 네루, 흐루시초프, 주은래 등 여러 정치 지도자들과도 교류했어.

러셀은 무신론자였고, 이런 말을 했어. 자연과학만이 인식을 가져다줄 수 있고, 자연과학은 인간 지식의 유일한 원천이다. 신, 자유, 영생은 증명될 수 없다. 종교는 불필요하고, 신앙은 아이들을 위한 것이다. 도덕은 미신과 케케묵은 관습에 토대를 두고 있다. 이상적인 삶의 원칙은 사랑과 지식이어야 한다.

러셀은 자신의 사상을 가르치는 것에 그치지 않고 먼저 실천하는 삶을 보여주었어. 그런 점에서 의미가 크다고 할 수 있을 거야. 그의 소망은 세상 사람들이 인식에 도달하는 것이었어.

러셀은 97세에 영국 웨일스(Wales)에서 독감에 걸려 죽었어. 러셀이 남긴 어록에는 다음과 같은 것들이 있어.

- 이상적인 국가는 모두가 다른 사람의 자유를 침해하지 않는 한 모든 자유를 누리는 곳이다.

- 기독교에서 가장 나쁜 점은 성에 대한 병적이고 비자연적인 입장이다.

- 과학자는 불가능한 것을 가능하게 만들려고 노력한다. 그러나 정치인들은 종종 가능한 것을 불가능하게 만들려고 애쓴다.

- 세상에서 정말 화나는 일은 어리석은 자들은 확신에 차 있고, 지성인들은 회의에 가득 차 있다는 사실이다.

- 모두가 의견이 같아도 옳지 않을 수 있다.

비트겐슈타인

말할 수 없는 것에 대해서는 침묵해야 한다

루트비히 비트겐슈타인은 오스트리아의 부유한 집안에서 태어나 모든 것을 누리며 살았어. 아버지가 제철업으로 많은 돈을 벌어서 막대한 재산과 토지를 보유했고, 값비싼 예술품들을 소장하고 있었으며, 수많은 하인들을 거느리고 살았어. 비트겐슈타인은 8남매 중 막내로 태어났는데, 세 명의 형이 우울증으로 자살을 했어. 비트겐슈타인의 부모는 예술가와 지식인을 존중했고, 많은 예술가들을 후원했어. 그래서 그의 집에는 항상 클라라 슈만, 구스타프 말러, 요하네스 브람스, 리하르트 슈트라우스, 구스타프 클림트 같은 유명한 예술가들이 초대되었어.

이처럼 예술을 사랑하는 분위기에서 자란 비트겐슈타인도 음악에 재능이 있어서 클라리넷을 능숙하게 연주했고, 나중에 지휘자가 되겠다는 생각을 품기도 했어. 하지만 그는 음악보다는 기술에 대한 열정이 더 컸어. 그래서 아버지의 권유로 베를린에 있는 기술고등학교에 들어가 기계공학을 배웠고, 이후 영국 맨체스터로 유학을 가서 항공공학을 공부했어. 그곳에서 수학과 수리 철학에 관심을 갖게 되면서 버트런드 러셀을 만나게 되었고, 케임브리지 대학으로 가서 러셀의 강의를 들었어. 러셀은 비트겐슈타인과의 만남을 회상하면서 그를 천재의 완벽한 전형이라고 말했어.

1914년에 제1차 세계대전이 일어났고, 비트겐슈타인은 오스트리아군에 자원했다가 이탈리아군의 포로가 되었어. 포로수용소에 갇혀 있는 동안 그의 주요 철학 저서인 《논리 철학 논고》를 완성했고, 이 저서로 나중에 케임브리지 대학에서 박사 학위를 받았어. 버트런드 러셀과 무어 교수가 당시 구두 시험을 담당했는데, 시험에 통과한 비트겐슈타인이 두 사람의 어깨를 토닥이며 이렇게 위로했다고 해. 너무 힘들어하지 마세요. 그 책을 절대 이해하지 못하리라는 걸 압니다.

비트겐슈타인의 철학은 언어 분석이야. 그는 자신의 저서에 이렇게 썼어. 내 언어의 한계는 내 세계의 한계를 의미한다. 본래 철학의 올바른 방법은 말해질 수 있는 것, 즉 자연과학의 명제들 이외에는 아무것도 말하지 않는 것이다.

비트겐슈타인의 이 말을 들으면 볼테르가 한 말을 떠올릴 수 있을 거야. 철학자들과의 이야기는 실패할 수밖에 없다. 듣는 사람은 말하는 사람이 무슨 말을 하는

지 알아듣지 못하고, 말하는 사람도 자기가 하는 말이 무슨 뜻인지 모르기 때문이다.

전쟁이 끝난 뒤 비트겐슈타인은 한 마을 서점에서 구입한 톨스토이의 요한복음에 관한 책을 읽고 깊은 감동을 받았어. 그래서 아버지한테 물려받은 막대한 재산을 형제들과 트라클이나 릴케 같은 예술가들에게 모두 나누어주고는 가난하고 봉사하는 삶을 살기로 결심했어.

그는 오스트리아의 산간 마을로 들어가 시골 학교의 교사가 되었고 허름한 집에서 생활했어. 그러다가 불미스러운 사건으로 학교를 그만두고 빈으로 돌아온 뒤에는 잠시 수도원 정원사로 일하기도 했어. 평생 수도사로 살 수 있을까도 고민하다가 수도원장의 만류로 포기했어.

철학계를 떠났던 비트겐슈타인은 친구들의 간곡한 권유로 케임브리지 대학으로 돌아가 철학을 가르쳤어. 그는 강의실 한가운데 의자를 놓고 앉아 수업을 진행했는데, 자신을 에워싼 학생들에게 질문을 한 뒤 스스로 대답하곤 했어. 때로는 아무 말도 하지 않고 몇 분씩 생각에 잠기거나 큰 소리로 혼잣말을 했어. 자네들은 끔

찍한 선생을 만났어. 나는 오늘 너무 멍청해. 그의 강의
는 몇 시간이고 계속 이어질 때도 있었어.

언제부터인가 그는 자신이 쓴 《논리 철학 논고》에 회
의를 품게 되었어. 그래서 다시 작업에 착수해 그의 후
기 철학을 대표하는 《철학적 탐구》를 집필했어. 이 책에
서는 일상적으로 사용하는 언어를 분석했는데, 언어의
의미가 결코 한 가지가 아니고, 혼란스럽고, 불화를 초
래한다고 했어. 똑같은 말이라도 맥락에 따라서 의미가
달라질 수 있다고 본 거야. 예를 들면 '당신'이라는 말
도 사랑하는 사람들 사이에서 말할 때와 위협을 할 때
는 완전히 다르게 들리는 것을 생각할 수 있을 거야. 그
때문인지 티베트 사람들은 심지어 언어를 모든 고뇌의
원인이라고 생각한대.

비트겐슈타인은 철학이 어차피 해결할 수도 없는 문
제에 매달리기보다는 언어를 비판하고 명확하게 분석
함으로써 언어에서 비롯된 오해를 바로잡는 것에 전념
해야 한다는 결론을 내렸어. 그는 철학적 문제는 완전
히 사라져야 한다고 했어.

부처는 한 걸음 더 나아가 이렇게 가르쳤어. "내가 하

는 말을 듣지 말고 말하지 않은 것에 귀를 기울여라."

비트겐슈타인은 62세에 암으로 죽었는데 마지막으로 이런 말을 남겼어. 내가 참 멋진 인생을 살았다고 친구들에게 전해주십시오.

에필로그

근대는 벌써 늙어버렸고, 냉철하게 사물과 세계를 분석하던 철학은 나날이 발전하는 첨단 기술로 인해 위기에 빠졌어. 현대 사회는 비관적이고, 신을 믿지 않고, 물질주의와 체념에 빠져 있어. 삶은 의미를 상실한 것처럼 보여.

지혜를 상징하는 미네르바의 부엉이는 날개가 마비되어 더 이상 황혼에 날지를 못해.

인간의 실존에 대한 근본적인 물음도 이미 다루어지고 밝혀졌어.

그로써 철학은 이제 끝난 걸까?

역사철학자 오스발트 슈펭글러(Oswald Sengler, 1880~1936)는 서양의 몰락을 말하면서 생명력을 상실한 서양 문화의 자연스러운 노화 과정이라고 말했어. 그의 말이 옳은 걸까?

오늘날과 같은 영상 시대에 언어가 영향력을 발휘할 기회는 아직 있을까? 미래의 언어는 정보학자와 기계,

컴퓨터가 약속된 규칙에 따라 소통하는 수학적 언어일까? 이 언어는 문법과 맞춤법이나 구두법이 없고, 번역할 필요도 없을 텐데 말이야.

미래에는 학습 능력이 있는 기계가 생각을 갖게 되어 진화론적으로 발전하는 날이 올까? 기계는 자기 자신에 대한 의식을 갖게 될까?

그래서 기계철학이 생겨날까?

세계 정치의 중심은 중국으로 옮겨질까? 공자가 되살아나 그의 철학이 인간 생활의 중심을 이루게 될까? 그리하여 인간은 조화와 중용을 추구하고, 자연과의 균형을 찾으려고 노력하게 될까? 모든 문제를 양 극단으로만 구분하고 편을 가르는 흑백논리가 지배하는 세상이 아니라 다양한 의견과 사상이 평화롭게 공존하는 세상이 될까?

환경 파괴와 증가하는 세계 인구, 에너지와 물과 공기를 둘러싼 대립이 사람들의 생각을 근본적으로 변화시킬 수 있을까? '나'가 중심이던 서양 철학은 '우리'의 철학으로 바뀔 수 있을까?

세계정신은 언제나처럼 자신의 길을 가게 될 거야. 결정적인 일들은 미리 내다보거나 인위적으로 만들어내지 못하고 저절로 일어나는 법이거든.

언젠가 젊고 활기가 넘치는 새로운 철학의 시대가 다시 올 거라고 믿어. 그때가 되면 어쩌면 내 증손자가 그 이야기를 들려줄지도 몰라.

인명 찾기

웃기고 괴팍하고 멋진 철학자의 맨얼굴

오, 철학자들!

초판 1쇄	2016년 6월 16일
초판 2쇄	2017년 6월 26일
지은이	헬메 하이네
옮긴이	이수영
책임편집	황여진
마케팅	강백산, 김가연, 강지연
디자인	정은경디자인
펴낸이	이재일
펴낸곳	토토북
주소	04034 서울시 마포구 양화로11길 18, 3층 (서교동, 원오빌딩)
전화	02-332-6255 ㅣ 팩스 02-332-6286
홈페이지	www.totobook.com/tam ㅣ 전자우편 totobooks@hanmail.net
출판등록	2002년 5월 30일 제10-2394호
ISBN	978-89-6496-309-8 43100

* 탐은 토토북의 청소년 출판 전문 브랜드입니다.
* 이 책의 사용 연령은 14세 이상입니다.